房地产与城市建设丛书

新型城镇化下土地低碳利用战略优化途径研究

XINXING CHENGZHENHUAXIA TUDI DITAN LIYONG ZHANLUE

JI YOUHUA TUJING YANJIU

本书受

山东省重点研发项目（项目编号：2015GSF122004）

山东省社科规划青年项目（项目编号：13DGLZ04）资助

山东建筑大学博士基金项目（项目编号：0000601334）

 刘金花 著

中国财经出版传媒集团

经济科学出版社
Economic Science Press

图书在版编目（CIP）数据

新型城镇化下土地低碳利用战略及优化途径研究/
刘金花著.—北京：经济科学出版社，2017.8
（房地产与城市建设丛书）
ISBN 978 - 7 - 5141 - 8431 - 0

Ⅰ.①新⋯　Ⅱ.①刘⋯　Ⅲ.①城市土地 - 土地
利用 - 研究 - 中国　Ⅳ.①F299.232

中国版本图书馆 CIP 数据核字（2017）第 224641 号

责任编辑：王柳松
责任校对：王苗苗
责任印制：邱　天

新型城镇化下土地低碳利用战略及优化途径研究
刘金花　著
经济科学出版社出版、发行　新华书店经销
社址：北京市海淀区阜成路甲 28 号　邮编：100142
总编部电话：010 - 88191217　发行部电话：010 - 88191522
网址：www.esp.com.cn
电子邮件：esp@esp.com.cn
天猫网店：经济科学出版社旗舰店
网址：http://jjkxcbs.tmall.com
固安华明印业有限公司印装
880 × 1230　32 开　6.625 印张　200000 字
2017 年 8 月第 1 版　2017 年 8 月第 1 次印刷
ISBN 978 - 7 - 5141 - 8431 - 0　定价：36.00 元
（图书出现印装问题，本社负责调换。电话：**010 - 88191510**）
（版权所有　侵权必究　打击盗版　举报热线：**010 - 88191661**
QQ：2242791300　营销中心电话：**010 - 88191537**
电子邮箱：**dbts@esp.com.cn**）

目 录
Contents

第 8 章

第 1 章

绪　　论

1.1　研究背景及意义

1.1.1　研究背景

1.1.1.1　土地利用变化影响陆地生态系统碳循环和气候变化

土地利用/土地覆被变化（LUCC）对全球陆—海生态系统变化、全球气候变化产生重要的影响，是地球系统科学研究领域的重要分支之一。LUCC 不仅带来地表景观结构的显著变化，而且影响着土地利用系统的物质循环、能量流动和信息传输，成为当前全球环境变化研究领域的核心内容之一。全球变暖是当前人类面临的主要环境问题之一，对人类生存和发展造成诸多威胁，如土地荒漠化、生物多样性减少、冰川消融、旱涝灾害等。造成全球变暖的原因既有自然原因又有人为原因，据研究，自然原因（主要是火山喷发和太阳辐射）对全球变暖影响不大，而人类活动成为全球变暖的主要原因。人类活动中土地利用变化是引起全球变暖的主要活动之一，其碳排放仅次于化石燃料燃烧。据霍顿（Houghton）估算，1850~1998 年土地利用变化引起的碳排放，是人类活动产生碳排放总量的 1/3；1950~2005 年中国土地利用变化累积总量为 106 亿吨，占同期全球土地利用变化碳排放总量的 12%。可见，土地利用变化影响陆地生态系统的碳储量和碳通量，其引起的碳排放对全球变暖有重要的影响。因此，定量分析土地利用变化碳排放及其效应对于了解土地利用变化碳排放机理，不同土地利用模式引起的碳源/碳汇强度以及如何降低土地利用碳排放有重要的影响。

1.1.1.2 低碳经济的发展为土地利用研究提供全新视角

"低碳经济"概念最早正式出现在 2003 年的英国能源白皮书《我们未来的能源：创建低碳经济》（Our Energy Future：Creating a Low Carbon Economy）中，在巴厘路线图中被进一步肯定；2008 年的世界环境日主题定为"转变传统观念，推行低碳经济"，更是希望国际社会将低碳经济的共识纳入决策之中。低碳经济是以低耗能、低排放、低污染为基础的经济模式，中国目前正处于经济快速发展阶段，人口数量众多、经济增长快速、能源消耗巨大、自主创新能力不足，来自于能源、环境的压力较大。未来较长时期内，中国经济的持续增长还是以化石能源的大量消耗为代价，短期内产业结构仍以第二产业为主，农业生产难以摆脱粗放的家庭经营模式。实质上，上述能源消耗、产业布局、农业生产等一系列经济活动都与土地利用密切相关，是引起碳源、碳汇变化的主要原因。因此，贯彻落实科学发展观，走低碳经济发展模式是国家长期的发展战略。那么，低碳经济发展背景下对土地利用提出更高的要求：什么样的土地利用方式才是低碳土地利用方式？低碳土地利用发展路径有哪些？

1.1.1.3 低碳土地利用研究是实现生态文明建设的重要途径

党的十七大报告提出，要建设生态文明，基本形成节约能源资源和保护生态环境的产业结构、增长方式、消费模式。[①] 生态文明是对人类传统工业文明只重视物质生产不重视生态保护，进行理性反思的一种产物；生态文明遵循可持续发展观点，通过建立可持续生产方式、消费方式，最终达到人与人、人与自然、人与社会和谐共处的一种状态。生态文明建设离不开低碳发展，而土地低碳利用和发展是一切社会经济活动的基础。因此，实施科学发展观和可持续发展战略，通过摒弃现有高碳土地利用模式，发展低碳土地利用模式，对资源能源节约和生态环境保护有重要的影响，是实现生态文明建设的重要途径。

1.1.1.4 低碳土地利用研究是新型城镇化建设的必然要求

随着工业化、城镇化进程加快，城镇规模不断扩大，蚕食城镇周边的农用地、生态用地；城市中的能源消耗快速增加，环境质量急剧下降，人口、资源、环境矛盾加剧，阻碍城市可持续发展。今后城市发展必然要转型，改变依靠资源能源消耗换取经济发展的传统工业化方式，发展以高效率、高效益、高效能为基础的低碳经济发展模式，走新型城镇化的道路。[②] 低碳城市是可持续发展理论在城市发展中的具体化，是低碳经济理念在城市发展中的落实，通过空间结构优化、产业调整，减少碳排放，实现和谐发展。新型城镇化发展最终落到土地利用结构和布局改变上，因此，在土地利用过程中，采取节能减排技术降低碳排放，实现生态价值、经济价值以

---

① http：//politics. people. com. cn/GB/1024/6429094. html.
② 见仇保兴. 我国城市发展模式转型趋势——低碳生态城市. 城市发展研究，2009，16（8）：1-5.

及社会价值统一的低排放、高效率、高效益的低碳土地利用，是实现新型城镇化建设的必然要求和重要基础。

1.1.2　研究意义

1.1.2.1　理论意义

低碳土地利用概念是在可持续发展理论和低碳经济理论融合的基础上提出的，是对传统土地可持续利用内涵的深化和拓展。

低碳土地利用评价、预测、优化方法和技术的提出，为区域低碳土地利用提供评价、优化、实施等一套完整的思路和方法，可适用于同背景区域下的低碳土地利用研究。

1.1.2.2　实践意义

从宏观上来看，人类活动对碳循环的影响是通过改变土地利用方式来实现的，研究土地利用变化对碳循环的影响，探索低碳土地利用发展路径对减排温室气体、应对全球变暖、改善生存环境有重要的意义。

从微观上来看，低碳土地利用研究为地方政府在土地利用管理、城市建设等方面的决策提供科学依据，有利于促进地方低碳经济、低碳城市建设和发展，促进资源节约和环境友好型社会的建设。

1.2　国内外研究进展

1.2.1　土地利用变化碳排放进展

土地利用变化和化石燃料燃烧等人类活动改变了全球碳循环

的平衡性，导致大气中 CO_2 浓度升高，是造成全球变暖的重要原因之一。而能源消费、各类产业活动都是以土地为承载的，土地利用变化及承载的社会经济活动对碳排放产生重要的影响。那么，土地利用碳排放机理是怎样的？土地利用变化对碳排放有怎样的影响？不同土地利用方式其碳排放效应如何？碳排放测算标准、方法、模型有哪些？围绕这一问题，国内外学者对此进行研究。

1.2.1.1 土地利用变化碳排放机理

土地利用/覆被变化影响陆地生态系统分布和结构，改变系统碳循环、碳通量。霍顿认为，陆地表层系统与碳循环间存在两种机制：一种是影响植被呼吸、生成、分解速率等生理代谢的机制，包含 CO_2 浓度增加，氮沉降等；另一种是恢复机制，包含土地利用变化及管理变化对碳循环的影响。坎贝尔认为，陆地与大气间碳的净通量取决于两个过程：一是土地利用及人类活动引起地表覆被变化，包括森林砍伐、退耕还林还草、围湖造田等；二是自然干扰过程，与霍顿的观点基本一致。在国内文献中，赖力（2010）将土地利用碳排放机制分为三类：自然干扰转变机制、土地利用/覆被类型转变机制、土地管理方式转变机制。

1.2.1.2 土地利用变化碳排放影响

陆地生态系统碳库总量为 2 447PgC，约为大气碳库的三倍，而且其碳源、碳汇的分布和规模直接受土地利用变化的影响。《1996年 IPCC 国家温室气体清单指南》把与碳汇/碳源密切相关的土地利用变化分为森林和草地转化、森林和其他木本生物质变化、经营土地的废弃、土壤有机碳储量变化。《土地利用、土地利用变化和林业优良做法指南 GPG – LULUCF》将土地利用分为保持土地利用类型和渐变土地利用类型。赖力（2010）将土地利用对碳排放影响归纳为四点：土地生态系统类型间转换、自然生态系统向人工生态系统转换、农业结构调整及田间管理的"双刃剑"作用、土地利用管理的其他影响。曲福田（2011）分别从农地向非农地转换、农地内部土地利用变化和非农地内部土地利用变化对碳排放的影响进行了总结。本节将从土地利用类型转换直接碳排放影响、土地利用类型保持直接碳排放影响、土地利用产业活动间接碳排放三个方面总结土地利用碳排放影响。

（1）土地利用类型转换直接碳排放影响

姜群鸥（2008）指出，黄淮海平原耕地转为建设用地，是造成植被碳储量减少的主要原因。森林向农用地、草地的转变会导致 CO_2 等温室气体由陆地生物圈向大气中大量释放，但是 8 年内草地表层土壤含碳量比林地土壤含碳量要少。农田向林地、草地转换有利于土壤、植被有机碳的增加。草地转换为耕地后，导致土壤耕作层 30 厘米以内碳损失；草地转为人工林地后，土壤有机碳储量不断提高。自然湿地对 CO_2 吸收量超过了其释放的 CH_4，具备碳汇功能。

（2）土地利用类型保持直接碳排放影响

农田管理措施，如保护性耕作，少耕、免耕或秸秆还田，有利于机耕燃料节省，减缓土壤有机质分解速率，降低土壤呼吸作用，减少 CO_2 的排放量。长期单施化肥较有机肥无机肥配施而言，CO_2 排放强度提高 55% ~85%。因此，合理的农田管理措施，能够增加农田系统碳吸收并减少碳排放。

（3）土地利用产业活动间接碳排放

在建设用地中，第二产业、第三产业用地配置变化对直接碳排放影响较小，但直接导致产业结构调整，不同产业结构、能源消耗存在较大差异，因此，产业用地配置的改变会间接影响碳排放。

1.2.1.3　土地利用变化碳排放效应

国内学者就土地利用变化引起的碳排放效应做了一些研究。过去 300 年间，中国陆地生态系统植被和土壤变化造成的碳排放达 4.50～9.54PgC。中国土地利用活动（特别是人工造林）引起陆地生态系统碳吸收大约为 0.45PgC，能源消耗是建设用地碳排放的主体，建设用地碳排放贡献高达 96%，建设用地是主要的碳源，林地是碳汇。国土资源部公益性行业项目对中国土地利用的碳排放状况也进行了定量分析。赖力和黄贤金（2010）采用 IPCC 清单法，结合全国土地利用总体规划碳减排效应，提出区域土地利用结构优化的方案，优化后的方案碳减排潜力约为常规低碳政策的 1/3。江勇（2010）对河北省武安市土地利用碳源碳汇进行了分析，探讨土地利用变化对碳源碳汇的影响。梅建屏（2009）分析微观主体土地利用模式对碳排放的影响，对不同交通方式能源使用碳排放进行分析。叶浩（2010）分析了苏州土地利用变化对区域生态系统固碳能力的影响，提出耕地面积减少是固碳能力下降的主要原因。汪友结（2011）从低碳经济视角出发，建立低碳土地利用概念框架，初步分析了土地低碳利用内部静态测度和动态协调控制。温家石等（2010）估算了台州市建成区范围内的生物量和净初级生产力，提出适当提高城市绿化覆盖率能补偿土地利用方式改变而损失的碳吸收能力。陈秋红（2012）从能源消费、主要工业产品生产工艺过程、土地利用变化与牲畜管理、固体废弃物处理与废水处理和排放分析湖南省 1995～2008 年碳源与碳汇的变化情况，能源消费与农业部门是湖南省温室气体的主要来源，林地是湖南省碳汇的主要来源。

1.2.1.4　土地利用变化碳排放核算模型

在全球碳平衡计算中，土地利用/覆被变化是估测陆地生态系统碳储存和碳通量最大的不确定性因素。陆地生态系统碳库估算方法可分为四类：一是根据植被和土壤与气候间关系建立模型，即模型估算法；二是在分析土地利用类型的基础上，根据实地调研和统计数据估算不同陆地生态系统类型的分布及碳密度，即样地清查法；三是利用现代技术手段"3S"技术进行估算，称为遥感地图估算法；四是排放检测法，分为涡度相关法和箱法观测法。土地利用间接碳排放估算，主要根据化石能源消费量估算排碳量，有三种方法：实测法、物料衡算法、排放系数法。

1.2.1.5 土地利用变化碳排放研究小结

（1）土地利用变化碳排放核算体系及框架

目前，土地利用碳排放主要集中在大尺度研究，还未建立市域尺度碳排放测算框架和清单，本书尝试建立市域尺度碳排放清单。基于前人研究成果，根据土地利用/覆被变化转移过程，将土地利用类型分为保持和转移两类。由此产生土地利用类型保持碳排放和转移碳排放。土地利用保持碳排放和转移碳排放只因土地利用类型发生变化而产生，将二者总称为土地利用直接碳排放。人类各经济社会活动，诸如城市建设、能源消耗、产业结构调整等都是以土地为承载的，且与土地利用变化密切相关，因此，将土地承载的人类活动引起的碳排放统称为土地利用间接碳排放。土地利用变化碳排放，包括土地利用直接碳排放和间接碳排放。

（2）土地利用变化碳排放效应分析

不同用地类型的碳排放效应不同，建设用地增加导致碳排放增多，发挥碳源效应；林地吸收排放的 CO_2，发挥碳汇效应；农田既是碳源又是碳汇；草地一般发挥碳汇效应；水域和湿地发挥碳汇效应。通过分析每种地类碳排放机理，尝试建立碳排放与经济社会指标耦合的指标体系，反映土地利用变化碳排放效应变化情况。

（3）土地利用变化碳排放核算方法

基于地理信息技术，结合土地利用/覆被变化和各地类碳密度，分析土地利用直接碳排放；梳理人类社会经济活动领域，建立人为源碳排放明细，分析土地利用间接碳排放，构建市域尺度土地利用变化碳排放核算方法。

1.2.2 生态足迹法的研究进展

生态足迹概念及模型是由加拿大生态经济学家雷斯（Rees）于1992年提出，后由其博士生瓦克纳格尔（Wackermagel）于1996年完善的一种可持续评价方法。该模型有效地把人类社会经济活动与自然相互作用这个复杂问题简单化、定量化，具有结果明了、易于交流的优点。因此，这一概念提出后，特别是《我们的生态足迹——减少我们对地球的影响》一书的出版，使这一概念在全球风靡，成为分析人类对自然影响的最有效的工具之一。目前，已有20多个国家利用"生态足迹"指标，计算各类可持续发展和承载力问题。世界野生生物基金会（WWF）决定自2000年起每两年公布一次世界各国的生态足迹；在瓦克纳格尔等的倡导下，建立起全球生态足迹网站（http：//www.footprintwork.org）。随着生态足迹理论、方法的不断改进和完善，已被应用到环境科学、生态学、地理学、城市研究、能源、工程等多个研究领域，形成一种多时空尺度、多领域、多方法耦合改进、多应用的局面。

1.2.2.1 多空间尺度

近年来，生态足迹在不同空间尺度上开展大量实证研究，从全球水平、国家水平、城市水平、企业到个人水平的生态足迹都有大量的案例。

（1）全球和国家

瓦克纳格尔等计算了全球1993年的生态足迹，之后全球尺度的生态足迹计算从未停止，尤其从2000年开始，世界野生生物基金会（WWF）、环球足迹网络（GFN）联合其他国际组织，在每两年发布一次的《生命行星报告》中，用大量篇幅介绍生态足迹的研究成果。2005年，GFN开展"Ten-in-Ten"计划，即10年内至少有十个国家将生态足迹指标制度化，使其如同GDP一样得到广泛应用。瑞士和日本已经在 2006 年完成了国家生态足迹账户的检查，将生态足迹作为国家环境或可持续发展规划的重要指标。雷斯等（Rees et al.）核算了 52 个国家的生态足迹。马西思和瓦克纳格尔等（Mathis, Wackermagel et al.）对瑞典生态足迹进行分析研究，生态足迹由杨开忠（2000）引入中国，张志强（2000）等分别从理论、方法及计算模型等方面对生态足迹进行了介绍，徐中民（2003）等以 1999 年中国的统计数据为基础，进行生态足迹测算。

（2）城市

在城市水平上，瓦克纳格尔等计算加拿大温哥华的生态足迹。国内不少学者对区域、城市生态足迹进行分析研究，并提出减少生态赤字的措施。徐中民（2000）对甘肃省 1998 年的生态足迹进行了实证计算和分析，又于 2001 年对张掖地区 1995 年的生态足迹进行了实证计算和分析。郭秀锐（2003）等对广州市生态足迹、周嘉（2004）对绥化市生态足迹进行了分析。李坤刚（2008）等采用净初级生产力的均衡因子测算了天津市生态足迹，将淡水资源足迹纳入模型。任燕（2008）采用主导标志法对山东省分区。王汉卫（2008）等以鲁西南地区为研究对象，将生态足迹分为生物资源足迹、化石能源足迹、生态环境污染足迹三个部分进行实证计算和分析。杜新波（2010）评价青海省海西州 2007年区域生态环境承载力。史永纯（2010）评价了哈尔滨市土地资源可持续利用。

（3）产业、企业、个人

生态足迹应用到各产业，如旅游业、贸易、交通运输、畜牧产品、农作物、制造业等产业生态足迹。顾晓薇（2005）等对中国的东北大学和沈阳大学 2003 年的生态足迹进行了比较分析。李定邦（2005）对不同收入家庭的生态足迹进行了研究。谢鸿宇（2009）等对大学食堂餐具进行了生态影响分析。

1.2.2.2 长时间序列

传统生态足迹模型只能表达某个区域、某年份生态足迹状况，无法实现动态表达。针对这一缺陷，学者多进行长时间序列动态分析。《生命行星报告（2004）》（*Living Planet Report*）对全球 1961 ~ 2001 年的生态足迹进行了时间序列的动态分析。《生命行星报告 2006》显示，40 多年间，人类的生态盈亏从 1961 年的生态盈余转变为 2003 年的生态赤字，从仅需要 0.5 个地球到 1.2 个地球。瓦克纳格尔等分别应用全球公顷和"实际公顷"，动态的均衡因子和产量因子等方法进行对比。国内许多学者都开展了生态足迹的时间序列研究。如高长波（2005）等、刘金花（2005）、梅艳（2008）等、蒋小平（2010）分别对广东省、山东省、江苏省、河南省进行生态足迹动态分析。刘贵芬（2007）、徐玉霞（2010）、季奎（2007）对重庆市、宝鸡市、大连市生态足迹进行长时间序列分析。陈成忠（2008）运用 EDM 经验模态分解法对 EF 模型不同组分的长时间序列的内在变化过程、演化规律做了动力学机制分析。

1.2.2.3 多方法的耦合

尽管生态足迹模型具有形象的概念、丰富的内涵、可操作性强、应用广泛等优点，但其无论在理论上还是方法上，都存在些许不足，成为学术界争论和批评的焦点。众多学者继承生态足迹模型的优点，结合其他方法改进模型的种种不足，在一定程度上推动了生态足迹法的改进和完善。在传统生态足迹计算方法基础上，形成了以投入产出法、能值法、成分法、与 GIS 结合的耦合方法。

（1）投入产出法

投入产出法由布拉克内尔（Bicknell）等学者于 1998 年提出。伦岑（Lenzen）用投入产出法考虑人类对土地的间接消耗，分析了生态足迹变化与收入、消费规模及家庭所在区域的关系。国内文献赖力（2006）等、曹淑艳（2007）等用投入产出法分别计算江苏省和中国的生态足迹。公华林（2009）用投入产出法计算了山东省1997年的生态足迹。

（2）能值法

能值法是20世纪80年代后期由美国著名生态学家奥德姆（Odum）在系统生态、生态经济、能量生态理论基础上创立的生态-经济系统研究方法。曹顺爱（2009）等基于能值理论，对以往农用地转为建设用地时土壤能值的损失未计入分析的缺陷进行改进。张延安（2010）等运用传统生态足迹模型和基于能值改进的生态足迹模型，分别计算了2007年济南市生态足迹与生态承载力。张芳怡（2006）基于能值分析理论的生态足迹计算模型，分析了江苏省2003年生态经济系统的环境状况。刘淼等（2008）提出了区域能值足迹法。赵志强等（2008）提出了基于能值改进的开放系统生态足迹模型，同时，将人类劳务纳入系统评价。总体来说，基于能值法计算生态足迹研究起步较晚，相关研究也较少。

（3）成分法

根据生态足迹计算所需的数据来源，分为成分法和综合法。综合法，又称自上而下法，根据地区性或全国性的统计资料，获得各消费项目的总量数据，再结合地区人口数计算人均消费量，该法通常用于国家层面、城市层面的生态足迹计算。成分法，又称自下而上法，即以人们的衣食住行为出发点，自下而上通过物质流分析获取主要消费品消费量及废弃物产生数据，适用于地方、企业、大学、家庭乃至个人的生态足迹核算。目前，中国的生态足迹研究以综合法研究为主，与国外的研究体系相比存在较大的差距。这与中国统计体系还不很完善，各级数据资料不够连续和全面有关。

（4）与GIS、RS结合

邓文胜（2007）基于GIS、RS、生态足迹对孝感市进行生态规划。常斌（2007）等基于 GIS、RS 获取生态承载力数据，并利用 CA 进行土地利用数据预测。徐晓峰（2006）基于 GIS 和数理统计学方法，对甘肃省 1991～2003 年生态承载力进行时空动态分析。蒋尊梅（2011）采用 GIS 技术，对重庆市生态安全进行时空动态分析。

1.2.2.4 多领域应用

生态足迹模型通过比较生态足迹与生态承载力之间是否平衡来判断人类活动是否处于生态系统的承载力范围之内，进而判定区域可持续发展状态，自提出以来主要用于可持续评价。随着人们对生态足迹模型的应用和不断改进完善，应用领域越来越广，通过模型改进将其应用到土地可持续评价、生态安全评价、城市生态规划、环境影响评价、土地承载力评价等，但将生态足迹应用到低碳利用方面的研究较少。

1.2.2.5 生态足迹模型改进方向

传统生态足迹分析存在诸多弊端，假设土地的空间具有互斥性，忽略土地多功能性，造成生态承载力计算偏小，尤其是化石能源用地承载力，因未单独留出此类用地，大多情况下将化石能源用地承载力记为零或只考虑林地，造成能源赤字较大，实际上，生态用地在碳吸收方面做出了较大贡献。没有把自然系统提供资源、消纳废弃物功能描述完全。均衡因子、产量因子均采用全球统一标准，虽然有利于横向比较，但不符合地区实际情况，不利于地区政策制定和应对措施实施；对于环境污染考虑不周全；偏生态性，未充分考虑社会经济因素与生态足迹的关系，未考虑科技进步对人口承载力提高的促进作用等。针对模型本身存在的种种弊端，结合国内外对生态足迹的研究，从以下方面提出模型改进方向。

（1）不同研究尺度标准化有待制定

随着生态足迹应用案例的增多，相同空间尺度以及不同空间尺度生态足迹的计算方法出现了较大分歧，降低了计算结果的可比性。为此，环球足迹网络（GFN）曾于 2005 年成立了生态足迹标准委员会，旨在建立科学一致的生态足迹方法和应用标准。2006 年 6 月，GFN 标准委员会发布了第一套有关生态足迹模型的标准——《生态足迹标准 2006》，对于研究区域生态足迹具有重要的指导意义。鉴于生态足迹受区域自然资源、生态环境影响较大，不同空间尺度应制定相应的足迹核算标准，比如，建立全球级、国家级、省级、市域级、县乡级、村级、家庭级或个人级生态足迹核算标准。

（2）均衡因子和产量因子测算及修正

模型中均衡因子和产量因子取值不同对足迹测算结果影响较大，前人采用实际土地需求、净初级生产力、生态系统服务功能价值法等对因子进行修正，提出省公顷、国家公顷等代替全球公顷。在一定程度上改进了模型测算精度，但仍存在适用范围不明确、不能准确反映区域土地生产力的问题。针对上述问题，均衡因子修正可以采取土地碳蓄积能力，对每一地类分别进行修正。产量因子采取比研究区高一级别的行政区对应的地类所产产品平均热量，与研究区相应地类平均热量之比。

（3）生态足迹空间表达有待加强

传统生态足迹注重时间静态分析，对于足迹空间分析有待加强。应结合 GIS 强大的空间分析功能、RS 的长时间序列数据可获取性，加强生态足迹空间动态表达。

（4）考虑土地功能的多样性

传统生态足迹模型在地类划分上遵循"空间互斥性"，没有充分考虑土地功能多样性和生态系统多功能性，且化石能源承载力为 0 或仅考虑林地，导致承载力偏小。各地类功能多样，比如，林地既有生产功能，又有碳吸收改善环境功能；草地、水域、耕地均具有碳吸收功能，因此，能源用地承载力应摒弃之前简单界定的做法，重新考虑各地类生态功能价值多样性，给予合理取值。

（5）社会经济因素应纳入模型

模型具有生态偏向性，而社会经济因素是生态足迹变化的重要驱动因素。社会经济特性没有充分体现。前人已在此方面做了较多工作，提出足迹与社会经济指标耦合的次生指标。为准确地反映生态足迹社会经济属性，需要根据生态足迹与社会经济的内在关系，在不同应用范畴内，改进模型在表达可持续上的不完整性，建立自然生态社会经济复杂系统的评价指标体系。

（6）生态足迹预测功能有待完善

影响生态足迹的因素及驱动因子，主要表现在人口、城市化、产业结构、固定资产投资等，只不过不同研究区影响因素权重不同。目前，大家多采用回归、集对分析、最小二阶偏乘法、灰色预测等预测方法，从消费、人口、土地利用结构等方面预测一个地区生态足迹和生态承载力。能否从足迹产生源头入手分别预测各足迹大小，成为今后生态足迹预测功能改进的一个方面。

（7）能源足迹改进

生态足迹包含两部分，一部分是人类对自然资源消耗折算的生态生产性土地；另一部分是人类消费产生废弃物被生态环境吸纳所需生态生产性土地面积。对于第一部分目前测算较规范，但对于后一部分测算较乱。有的学者将其分为能源足迹和污染足迹，以期将废弃物吸纳所需足迹表达完整；大部分学者仍采用能源消耗折算的方法推算能源足迹。实际上，该足迹体现的是人类社会经济活动产生的所有废弃物被吸纳所需要的生态生产性土地，所以关键在于人类产生的废弃物如何核算？土地吸纳废弃物能力如何测算？最近，国内外研究的碳排放将人类生产生活等各环节产生的能源消费和废弃物均以碳当量形式转化，来反映人类社会经济活动产生的碳排放量，这与能源足迹反映的内容本质上是一致的，因此，可以尝试采用基于碳排放测算的碳足迹来替代能源足迹。有学者将能源足迹命名为碳足迹，并从碳足迹的概念、计算方法、实证研究等方面进行分析，取得一定成果，但国内关于碳足迹的研究处于萌芽状态，在碳足迹概念、计算方法、应用等方面仍有较多工作需要做。

1.2.3　低碳土地利用研究进展

低碳经济是为应对气候变化提出的全新经济发展模式，各产业发展、社会经济活动都与土地利用密切相关，最终都要落在土地利用上。土地利用不仅直接参与陆地生态系统碳循环，而且间接影响区域碳排放水平。不同土地利用结构、布局产生不同的碳排放、碳蓄积，影响区域净碳排放量，进而影响低碳城市建设、低碳经济的实现。因此，采取切实可行的低碳土地利用模式，有利于区域低碳经济发展。那么，什么是低碳土地利用？如何定量评价区域土地低碳利用程度？低碳土地利用的实现路径有哪些？国内外学者围绕低碳土地利用主要做了以下几方面研究。

1.2.3.1　城市土地利用与低碳城市研究

潘海啸（2010）从土地利用的角度论述了低碳城市空间布局的理念。中国城市科学研究会将土地利用列为中国低碳城市规划的三大指标之一，并对其目标层和准则层进行了具体的规定。国家低碳国土试验区的设立和建设，地方政府对低碳土地利用方式和低碳开发的支持等，都为低碳土地利用的开展提供了理论指导和政策依据。

1.2.3.2　低碳土地利用概念、内涵

彭欢（2012）提出"低碳经济型土地利用"，认为低碳经济型土地利用模式就是兼顾"低碳"和"经济"，减少土地利用直接碳排放、间接碳排放，增加土地碳吸纳能力，实现土地的低碳经济型利用。蒲春玲（2011）提出"低碳与环境友好型土地利用模式"，认为低碳土地利用本质上是通过土地利用方式转变来实现碳的动态

平衡及经济价值、社会价值、生态价值协调统一。赵荣钦（2010）提出低碳土地利用四大目标：降低碳排放强度、增多碳汇功能、减少能源消耗、形成低碳土地利用方式和布局。

1.2.3.3　低碳土地利用模式及保障措施

肖主安（2010）从"增汇"和"减排"两个方面着手，探讨低碳经济型土地利用模式，并提出土地利用要顺应低碳发展的要求，确保土地利用的"低排放、高效率、高效益"。陈擎（2010）按照低碳化的标准对传统的土地利用模式加以改变，从"节能""减排""增汇"等几个方面着手，给出了贯彻低碳经济型土地利用模式的政策建议：城市土地集约利用、推广低碳建筑、减少硬化面积、低碳化交通、保育土地碳汇等措施。李国敏（2010）、汤才玲（2012）探讨构建城市土地低碳利用模式的路径应从"减排"和"增汇"两方面着手，科学规划城市土地的功能分区，构建生态化土地利用模式，形成"政府主导、市场适应、公众参与"的决策机制与模式。瞿理铜（2012）提出低碳经济视角下的土地利用调控的基本思路。赵玉霞（2011）从低碳视角提出促进中国城市土地资源的可持续利用的措施。张常新（2012）从土地利用总量节约化、空间紧凑化、功能有效混合化、基底绿色化等提出有利于低碳生态发展的土地利用模式优化的途径。张旺峰（2010）以生态足迹模型计算为基础，以土地利用规划和发展低碳经济模式为手段，提出以实现嘉峪关市生态安全以及可持续发展为目的的建议措施。李永乐（2010）从两条路径、三个方面实现低碳经济发展的要求，建立实现低碳经济发展的土地利用变化的分析框架。

1.2.3.4　低碳土地利用评价、模拟

孙宇杰（2011）从土地合理利用的内涵出发，建立了一个基于低碳背景的包含土地利用系统、能耗系统、环境系统、经济系统和社会系统 5 个方面共 22 个指标的土地合理利用评价指标体

系。何国松（2012）采取最低碳排放量与最大经济效益作为目标函数，采用灰色多目标线性规划方法，对武汉市土地利用结构进行优化研究。陈佩琳（2012）采用系统动力学的原理与方法构建了柳州市低碳经济导向下的土地利用系统模型。刘海猛（2012）采用模糊线性规划、多元线性回归分析建立碳蓄积最大化优化解与碳排放最小化优化解，研究低碳目标导向的土地利用结构优化途径。

1.2.3.5　低碳土地利用小结

目前，关于低碳土地利用的研究主要集中在实现土地低碳利用的措施和模式上，而对于低碳土地利用概念和内涵尚无统一理解，对低碳土地利用评价、预测和优化研究甚少。

1.2.4　土地利用时空优化

土地利用/覆被变化（LUCC）预测模拟的国内外研究较多，主要集中在土地利用结构优化、土地利用空间布局优化配置、土地利用时空优化三方面。土地利用结构优化是一项规模庞大、影响因素众多、结构复杂的系统工程，有多种模型可以分析和模拟土地利用结构变化。如随机模型、最优化模型、经验模型、线性规划模型、灰色线性规划、系统动力学模型；空间布局优化配置模型主要基于GIS，采用遗传算法（GA）、元胞自动机（CA）、基于智能体的模型等模型。近年来，关于土地利用时空格局优化的研究逐渐增多，以 CA－Markov 居多，但该模型无法按照土地需求来预测土地利用结构，也无法按照预测出的土地利用结构实现空间布局优化。CLUE－S 模型则是假定区域的土地利用变化受该区域的土地利用需求驱动，并且土地利用空间格局优化是按照土地需求结果以及该区域的自然环境、社会经济影响因素模拟的。于书媛、陆汝成、潘影、段增强、魏伟、谭永忠、赵璐等基于 CLUE－S 模型，进行了土地利用变化的模拟研究。

　　土地利用结构优化应通过土地利用经济效益、社会效益、生态效益综合体现，但目前结构优化多偏重于土地经济效益最大化，未充分考虑生态效益及低碳土地利用目标。

　　因此，本书将以土地可持续利用和低碳发展为目标，基于改进生态足迹模型和土地利用碳排放构建低碳土地利用评价指标体系，评价土地利用低碳发展程度。利用模糊线性规划和CLUE－S集成技术，对不同情景下区域土地利用进行时空优化模拟，为区域低碳城市发展提供决策依据，从而促进资源节约、环境友好型和谐社会发展。

1.3　研究目的与内容

1.3.1　研究目的

　　在全球气候变暖、城镇化快速发展、经济高碳发展的背景下，通过评价区域土地利用低碳程度，建立一套低碳土地利用评价、预测、优化方法、技术，探索促进区域社会经济生态可持续发展的低碳土地利用发展路径成为本书的研究目的。具体研究目的为：

1.3.1.1　低碳土地利用理论框架构建

　　以可持续发展思想为指导，基于生态足迹理论、生态环境价值理论、低碳经济理论、生态经济系统理论，提出低碳土地利用概念和内涵，构建低碳土地利用理论框架。

1.3.1.2　低碳土地利用评价、预测方法建立

　　对传统生态足迹进行改进，提出时空生态足迹概念，完善生态

足迹在可持续评价方面的缺陷；结合土地利用碳排放效应指标，在低碳土地利用目标指引下，建立低碳土地利用评价指标体系，评价区域土地利用低碳程度。采用多种统计模型对碳排放、生态足迹进行预测，获得区域土地利用未来的需求。

1.3.1.3 低碳土地利用时空优化技术集成

基于土地需求预测结果，依据模糊线性规划和 CLUE – S 模型，预测多种情景下的低碳土地利用结构、优化空间布局配置，探寻低碳土地利用发展路径。

1.3.2 研究内容

本书在土地利用变化碳排放及生态足迹分析的基础上，构建了基于改进生态足迹模型的低碳土地利用评价、预测方法；依托模糊线性规划和 CLUE – S 模型集成低碳土地利用时空优化技术；以济南市为例开展了实证研究，分析济南市土地利用变化碳排放效应及生态足迹时空动态变化，评价土地利用低碳程度，预测未来土地利用碳排放及低碳土地利用发展趋势。最后，提出了基于土地利用时空优化的济南市低碳土地利用发展路径。主要研究内容如下。

1.3.2.1 土地利用变化碳排放效应研究

基于 IPCC 温室气体清单和国内外的最新研究成果，建立土地利用变化碳排放核算方法、土地利用变化碳排放效应评估方法，为碳足迹核算和土地利用碳排放效应动态变化提供基础方法。

1.3.2.2 生态足迹模型改进

生态足迹模型作为区域可持续评价的一种定量方法，无论在理论内涵还是测算方法上均存在诸多不足：侧重生态可持续，忽视社会经济可持续；化石能源足迹考虑不全；地类划分上"空间互斥性"，未充分考虑土地功能多样性和生态系统多功能性等。因此，应在加强对生态足迹本身研究的同时，深入分析生态足迹与社会经济的内在关系，弥补生态偏向性的不足，改进模型在表达可持续上的不完整，建立自然生态社会经济复杂系统的评价指标体系。此外，加强生态足迹时空表达，使之具有较强的可视化表达能力。

1.3.2.3 低碳土地利用评价、预测方法体系构建

基于改进生态足迹法和土地利用碳排放，构建低碳土地利用评价体系，提出低碳土地利用指数和自然生态、社会经济、环境质量低碳分指数，采用加权求和法评价土地低碳利用程度；采用脱钩分析法和回归预测、灰色预测等数理统计法分别预测碳排放多少和各类足迹大小，为土地利用结构优化提供土地需求数据支撑。

1.3.2.4 低碳土地利用时空优化技术集成

采用模糊线性规划，以碳蓄积最大和碳排放最小为目标函数，对不同情境下土地利用结构进行优化；基于 CLUE-S 模型，结合土地利用结构调整结果，完成土地利用空间布局优化，为低碳土地利用时空优化提供集成技术。

1.3.2.5 基于时空生态足迹和土地利用碳排放的济南市土地利用低碳程度评价

以济南市为例，对土地利用变化、土地利用变化碳排放及其效应、生态足迹进行时空分析并预测；利用低碳土地利用评价方法，计算自然生态指数、社会经济指数、环境质量指数，评价济南市土地利用低碳程度，分析低碳土地利用指数时空变动规律和发

展趋势。

1.3.2.6 基于土地利用时空优化的济南市低碳土地利用发展路径研究

基于生态足迹和碳排放预测结果，利用相关数理统计法，对济南市土地利用结构进行多情景下的优化，对各优化方案的低碳土地利用指数进行方案评选，确定最优方案。基于 CLUE – S 模型，将最优方案的土地利用结构数据作为模型的需求输入，进行空间布局优化，采用景观格局分析法进行验证，判断格局变化是否有利于生态效益的发挥。最后，结合济南市的实际情况，基于评价预测结果，提出低碳土地利用发展路径。

1.4 研究方法与技术路线

1.4.1 研究方法

本书内容较广泛，涉及多个学科，以土地学为基础，融合经济学、景观生态学、环境学、地理学、统计学、信息学等，借助 RS、GIS 技术，以济南市为例对低碳土地利用进行评价、预测、优化，具体如下：

1.4.1.1 文献综述和归纳总结法

由于研究内容涉及范围较广，并阅读了大量文献，文献主题包括以下几方面：土地利用/土地覆被变化、土地利用变化与全球气候变化、土地可持续利用、景观生态学、低碳经济、低碳城市、生态足迹、土地利用系统、土地适宜性评价、生态服务价值、土地利用时空优化配置、景观格局分析等，梳理国内外关于低碳土地利用研究动态并进行归纳总结，结合中国当前社会经济发展、土地利用状况，提出本书研究的问题——何为低碳土地利用？低碳土地利用如何评价、预测、优化？

1.4.1.2　模型分析和实地调查法

本书主要研究低碳土地利用评价、预测、优化，数据量大，且以模型分析为主。低碳土地利用评价采用改进的生态足迹模型建立评价指标体系，采用加权求和法求取低碳土地利用指数。生态足迹和碳排放预测均采用多种数理统计模型，如回归模型、灰色系统模型等。土地利用时空优化采用模糊线性规划模型和CLUE-S模型。本书低碳土地利用指标体系建立和案例分析中，低碳土地利用发展路径主要通过实地调研的方法获取相关数据和资料。

1.4.1.3　系统分析和个别研究相结合法

土地利用系统是一个自然生态、社会经济耦合的复杂系统，由各子系统相互作用、相互影响耦合而成。研究土地利用变化及碳排放、低碳土地利用评价、优化皆需要以系统的观点来分析研究，这是系统分析的第一层含义。系统分析的第二层含义指的是，本书低碳土地利用评价适用于市域土地利用系统尺度上的研究。个别研究指的是，以济南市为例进行实证分析，将基于改进的生态足迹的低碳土地利用评价应用到济南市，验证该方法体系、集成技术是否合适，因此，本书采用了系统分析和个别研究相结合的方法。

1.4.1.4　定性和定量相结合法

定性与定量相结合的方法，是土地科学研究常用的方法之一。土地利用系统是动态的，其变化受多因素影响，对于那些易定量的指标采用定量分析，对于那些无法定量的影响因素采取定性分析，采取定性和定量相结合的办法，且以定量为主，从而保障低碳土地利用评价的科学性、合理性。

1.4.2 技术路线

在全球变暖带来生态环境压力的背景下，低碳经济发展模式是降低碳排放的路径之一，土地利用变化及土地上的活动产生的碳排放对全球气候变化产生重要的影响，如何降低碳排放，增加碳汇，减少碳源是关键。本书采用理论和实证分析结合的方法，以生态足迹模型改进为着眼点，从低碳土地利用评价指标体系建立入手，构建生态足迹、碳排放评价以及预测模型，依托模糊线性规划和CLUE – S集成技术，对不同情境下的土地利用进行优化，筛选出低碳土地利用方案，从而为区域低碳经济发展做出一定的贡献，为区域低碳政策制定提供支持。

因此，本书研究思路大致分为四步：第一步，基于全球变暖的现实，综合梳理国内外土地利用碳排放、低碳土地利用、生态足迹模型的基础上，提出本书研究的问题——怎样的土地利用方式是低碳土地利用方式？第二步，在整理分析生态足迹、低碳经济、土地可持续利用理论、生态环境价值理论、生态经济理论、优化配置理论等相关概念和理论的基础上，提出时空生态足迹和低碳土地利用概念，构建低碳土地利用理论框架；改进生态足迹模型，完善土地利用变化碳排放核算体系，建立低碳土地利用评价体系、预测优化方法体系。第三步，在上述理论框架指导下，运用资源学、生态学、经济学、统计学、信息学等多学科知识，构建低碳土地利用评价指标体系，利用集成技术对土地利用结构进行时空预测优化，探寻低碳土地利用发展路径。第四步，案例分析，将上述理论和方法技术应用到济南市，通过评价、预测、优化、方案筛选，提出低碳的土地利用方案及发展低碳土地利用的政策建议。技术路线见图1 – 1。

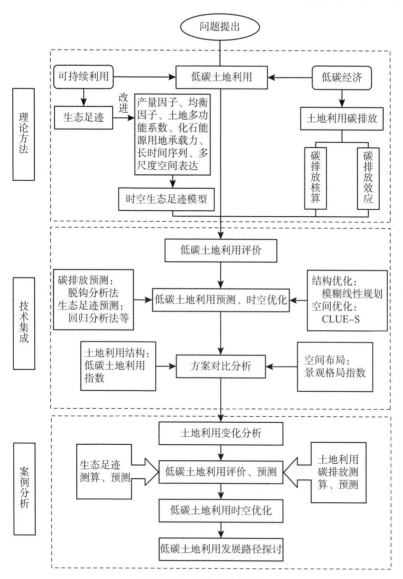

图1-1 本书技术路线

1.5 本章小结

　　本章首先，从土地利用变化引起碳排放对全球变暖的贡献、低碳经济发展战略要求、生态文明和低碳城市建设要求的角度引出本书研究的问题——低碳土地利用；其次，纵观国内外关于土地利用碳排放、生态足迹、低碳土地利用时空研究进展，剖析存在问题及改进方向，提出低碳土地利用评价、预测、优化、验证的主要思路和具体的研究内容；最后，介绍了支撑本书的研究方法和技术路线。

第 2 章

理论基础与方法

2.1 相关概念及内涵

2.1.1 时空生态足迹

2.1.1.1 生态足迹

生态足迹通过测定人类为了维持自身生存而消费的自然资源和产生的废弃物，来评估人类对生态系统的影响。

（1）生态足迹（ecological footprint，EF）

生态足迹是指，在一定技术条件下，维持某一消费水平下的人口持续生存所必需的生态生产性土地面积。一方面，反映了既定技术和消费水平下特定人口对环境的影响程度；另一方面，表达了既定技术水平和消费水平下特定人口持续生存对环境的需求。

（2）生态承载力（ecological capacity，EC）

生态足迹中的生态承载力与传统意义上的生态承载力含义不同，是指一个地区所能提供的生态生产性土地和水域的面积。

（3）生态赤字（ecological deficit/remainder，ED/ER）

当生态承载力大于生态足迹时，出现生态盈余，反之则出现生态赤字。生态盈余/生态赤字是对区域可持续发展程度的一种绝对界定，不能因某地区出现生态赤字就推断该区域不可持续，也不能因某地区处于生态盈余就判断该区域可持续，需要考虑区域其他的社会经济情况。生态赤字/生态盈余只能作为可持续评价的一个参考指标。

（4）生态压力（ecological pressure，EP）

生态压力表征某地区的生态压力度，等于生态赤字与生态承载力的比值。生态压力越大，表明地区资源生态压力大，土地自然生态可持续利用度低或者说处于弱可持续利用；相反，若生态压力小，表明地区土地自然生态可持续利用度高。该指标侧重土地自然生态方面的可持续性评价，不能全面评价某区域土地的可持续程度，需要和其他指标耦合才能科学地综合评价土地可持续利用情况。

2.1.1.2 土地特性

土地是地球陆地表面由气候、土壤、水文、植被、地形、地质构成的自然产物，是人类生存和发展必备的基础资料，在人类利用土地过程中又受到人类活动的影响和作用，且随着时间变化性质发生变化，所以我们称之为自然经济历史综合体。

（1）自然生态特性

土地是一种自然资源，是由众多自然要素构成的完整的自然生态系统，具有支撑功能、养育功能、净化功能，能满足人类生活所需的衣食住行以及生存环境。因土地供给的有限性，为满足需要，人类在利用土地的过程中，改变了土地自然生态子系统的结构，使得系统朝着可持续方向或退化方向发展。

（2）社会经济特性

人类利用土地进行物质生产时，土地就构成了社会生产的物质要素。因其供给有限性和巨大的使用价值，使得土地成为一种特殊的商品，具有价值和价格二重性特点。随着人口增多，人地矛盾突出，如何用有限的土地供养更多的人口，且满足人类日益增长的物质文化生活所需，这就需要人类在利用土地的过程中，改变之前的粗放利用，实行集约利用；改变只看重土地经济效益，不看重生态效益的做法，去探寻一种能实现土地生态效益、社会效益、经济效益的综合效益最大化的利用模式。

（3）时空特性

土地因其位置固定性，使得不同区域土地具有不同的结构和功能，表现出明显的空间差异性特征。随着城镇化进程加快、工业化发展，人们对土地的利用无论从范围上还是速度上都达到前所未及的状态，加剧了土地利用变化，甚至改变了土地利用变化方向，产生了一系列诸如经济发展依赖资源消耗、生态环境恶化、碳排放增多以及全球变暖等问题。充分认识土地的时空特性，对于把握区域土地演变，预测未来变化，采取措施促进土地朝着综合效益最大化的方向发展有重要的意义。

2.1.1.3 时空生态足迹

生态足迹只能静态评价区域土地可持续发展状况，无法反映区域土地时空动态利用情况。考虑土地时空特性，本书基于 GIS、RS 技术，对传统生态足迹缺陷进行改进，提出时空生态足迹概念。所谓时空生态足迹是指，基于 GIS、RS，综合表达土地自然生态、社会、经济多重属性，具有多空间尺度、长时间序列动态评价预测某区域在特定技术条件下，维持某一消费水平下的特定人口持续生存所必需的生态生产性土地的面积。

2.1.2 低碳土地利用

2.1.2.1 低碳经济

国内外学者对低碳经济发展模式、低碳产业布局、低碳城市研究较多。低碳经济是指，在可持续发展理念的指导下，通过制度创新、技术创新、产业转型、新能源开发等多种手段，尽量减少煤炭、石油等高碳能源消耗，达到经济社会发展与生态环境保护双赢的一种经济发展形态。[①] 低碳经济包含两方面内容：一方面，是"低碳"，是社会经济发展的目标，将目前高度依赖化石燃料的高碳排放强度的能源体系通过技术创新、新能源开发等手段降低碳排放强度，使得碳排放降低到自然资源和环境能够消纳的目标；另一方面，是"经济"，低碳同时也是社会经济发展的手段，以较低的碳排放强度支撑并促进社会经济发展。低碳发展既关注单位 GDP 碳排放下降，同时也应关注人均碳排放量的降低。低碳经济的实现，需要调整产业经济结构，提高能源利用效益，发展低能耗、低排放、低污染的产业，降低单位 GDP 能耗、碳排放强度，这也是实现经济发展和资源环境保护双赢的必然选择，这与生态文明建设的内容和途径也是相一致的。

2.1.2.2 土地利用

土地利用是人类劳动与土地结合获得物质产品和服务的经济活动，是由土地质量特性和社会土地需求协调决定的土地功能实现过程。这一活动表现为人类与土地进行的物质、能量、信息、价值的交流、传输、转换。人类利用土地的目标，一是取得物质产品，满

---

① 邵超峰，鞠美庭. 基于 DPSIR 模型的低碳城市指标体系研究. 生态经济，2010，10：95 - 99.

足生产生活所需；二是取得服务效用，满足人类社会需求的经济、社会、生态目标的实现。近年来，人口增多、城市化快速发展、工业化进程加快、高碳排放等因素导致土地利用出现生态环境质量降低、土地利用碳排放增多，阻碍了土地可持续利用的发展，许多国家开始关注土地利用模式，探索低碳、高效的土地利用方式。

2.1.2.3　低碳土地利用

在低碳经济这一新型发展模式的要求下，土地利用应抛开单一的"经济导向型"标准，重视土地的生态价值，提高土地的利用效率，降低土地利用碳排放强度，因地制宜地采取和推广"低排放、高效率、高效益"的土地利用方式。结合低碳经济和土地利用概念，充分考虑前人对低碳土地利用的理解，本节重新定义低碳经济背景下的土地利用，提出"低碳土地利用"概念。所谓低碳土地利用，是指以可持续发展思想为指导，以减量化、再利用、再循环为原则，通过土地利用结构调整、布局优化、集约利用，增加碳汇，减少碳源，降低碳排放，形成低排放、高效率、高效益的土地利用方式，实现土地利用碳排放降低和生态价值、社会价值、经济价值协调一致的土地功能实现的过程。具体来说，可以从"减排"和"增汇"两方面着手，减少土地利用直接碳排放、间接碳排放，增加土地碳吸纳能力，实现土地的低碳利用。低碳土地利用内涵包括以下方面：

（1）以可持续发展思想为指导

可持续发展的概念是世界环境与发展委员会在《我们共同的未来》报告中正式提出的，所谓可持续发展，是既满足当代人的需求，又不损害子孙后代满足其需求能力的发展。土地资源是人类生存必备基础之一，作为一种稀缺资源，在快速城市化的今天，更需要人类对其进行可持续利用。土地的自然生态经济综合属性决定了其可持续利用问题的复杂性：生态上表现为土地质量无退化，保持较高的生产力；经济上表现为投入产出比的提高；社会上表现为不仅满足当代人需求，而且要遵循代际平等，做到土地配置、利用及效益等在当代和代际间的公平。低碳土地利用是在可持续发展思想基础上，对土地利用提出更高要求，即在提高土地经济效益的同时，降低碳排放，充分发挥土地生态价值、社会价值、经济价值，实现三者协调一致。

（2）遵循减量化、再利用、再循环的"3R"原则

减量化：减少碳源效应的土地供应，严控新增建设用地增长，减少单位 GDP 能耗，降低单位土地利用碳排放强度。

再利用：通过土地综合整治，提高未利用地开发率、废弃地复垦率、低效利用土地整理率；通过高标准基本农田建设，提高农田生产力；通过存量建设用地再开发利用，提高建设用地利用率；通过用地功能合理配置，充分发挥土地多功能性，发挥生态用地改善区域生态环境的功效。

再循环：通过改善种植制度，加强农地循环利用；根据土地适宜性评价结果，合理配置各类土地，因地制宜利用土地，实现土地价值最大化；对于土地退化，采取生物、工程技术措施进行改良，实现土地再循环利用。

（3）低碳土地利用调控通过土地资源优化配置实现，也就是土地利用结构调整和布局优化

通过结构调整，满足社会经济发展所需土地，增加碳汇用地，降低碳源用地。增加碳汇用地，就是通过土地利用结构调整，增加碳吸收用地规模。减少碳源用地，就是在各类土地利用过程中采用先进节能减排技术降低碳排放，实现源头上遏制、环节中减少、循环中中和的低碳土地利用模式；同时，通过土地混合利用提高土地集约利用程度。

通过布局优化，形成低排放、高效率、高效益的用地模式。低排放就是指，通过用地结构调整、布局优化，最大限度地降低土地利用碳排放，注重土地生态利用；高效率是指，通过土地立体开发、混合利用、土地集约利用等方式，减少土地闲置低效利用行

为，提高土地资源的利用效率；高效益是指，通过土地集约利用、产业用地集聚等措施，提高低能耗、高效益、低排放产业用地比例，提高土地利用效益，实现土地利用价值最大化。

（4）降低土地利用碳排放

土地利用碳排放，包括直接碳排放和间接碳排放。直接碳排放又分为土地利用类型转变碳排放和土地利用类型保持碳排放。土地利用的间接碳排放主要指，各种土地利用类型上所承载的全部人为源碳排放。土地利用应顺应低碳经济发展模式的要求，从土地利用碳排放的构成入手，采取有针对性的措施，建立综合性的土地管理机制，切实降低土地利用碳排放。

（5）低碳土地利用强调土地生态效益、经济效益、社会效益的协调统一

既反对唯利是图、以环境换发展的粗放型土地利用，也不因机械地保有土地生态而放弃获取经济效益的机会；通过可持续经济发展模式的指导，制定科学的土地利用规划，采取新一轮新能源革命的技术成果，推动"低能耗、低污染、低排放、高效率、高效益"的低碳产业的发展；通过土地利用结构、布局的优化，土地节约集约，提高土地利用效率，实现生态效益、社会效益、经济效益的统一。

2.2 理论基础

2.2.1 土地可持续利用理论

土地可持续利用理论，是可持续发展理论在土地科学中的具体应用。联合国粮农组织（FAO）在 1976 年发布的《土地评价大纲》（a framework for land evaluation）和 1989 年发布的《土地利用规划指南》（guideline for land use planning）中都涉及了土地可持续利用

问题。1990 年，印度农业研究会（ICAR）、美国农业部（USDA）和美国罗代尔（Rodale）的研究中心在印度的新德里举行的"国际土地可持续利用系统研讨会"上，正式提出了土地可持续利用的思想，并将土地可持续利用分为两部分：人—地关系和人—人关系。1995 年，国际地圈—生物圈计划（IGBP）和全球环境变化中的人文领域计划（IHDP）联合提出"土地利用/覆盖变化（LUCC）"研究计划，将土地变化的可持续性列为其核心研究内容。1997 年，在荷兰的恩斯赫德市召开的"可持续土地利用管理和信息系统国际学术会议"上，专家一致认为土地可持续利用应从自然资源、生态环境、社会经济、习俗等方面进行评价。土地可持续利用，既包括数量、质量的可持续性，又包括综合效益的可持续性。

土地可持续利用理论遵循以下原则：公平性原则、需求原则、和谐原则、高效率原则、质量升级原则。低碳土地利用是以土地可持续利用理论为指导，在促进经济增长的同时，改变传统的"高投入、高消耗、高污染"的发展模式，倡导清洁生产和文明消费，使得经济社会发展与生态承载力相协调；将低碳经济与可持续发展相结合，加强环境保护和建设，进一步改善土地生态环境，提高生态环境质量，从而实现土地自然生态、社会经济、环境质量协调发展。

2.2.2　生态环境价值理论

生态环境价值理论源自保护生态系统和生命多样性的现实要求，在具体的实践中，不但要考虑到人的目的、利益和价值，而且要考虑到其他生物系统、生态环境系统、生物圈的价值，将伦理观的范围由人类共同体扩大到生命共同体中的生物环境系统、生态环境系统。因此，生态环境价值理论是从生态学的角度对传统的价值论进行反思，从价值论的学术角度出发，对生态系统的价值进行探讨，结合生态保护的要求改造已有的价值论。长久以来，人们对土地价值的认识主要集中在社会经济价值，对生态环境价值考虑较少。资源无限、环境无价的观念存在于人们的思维中，加剧了生态环境的破坏，影响人类的健康及和谐社会的建设。随着全球变暖，人们认识到自己的行为是导致大自然异常变化的主要因素，深刻认识到生态环境的价值和生态环境保护的重要性。生态环境价值理论将人与自然生态系统作为一个有机联系的整体考察其内在价值，在土地利用复杂系统中，既要实现系统的社会经济价值，也要实现其生态环境价值。

2.2.3　脱钩理论

20 世纪 90 年代以来，资源、环境矛盾加剧，可持续发展思想逐渐进入人们的视野，脱钩现象引起众多学者的关注和研究，有学者提出关于经济发展与环境压力的脱钩理论。脱钩理论是指，当经济发展到一定程度时，能耗增长速度慢于经济增长速度，甚至出现能耗负增长的趋势，这时经济增长和能耗出现脱钩。从最初的定义和内涵讨论到脱钩理论体系的形成，时至今日，脱钩理论成为评价经济发展和资源环境消耗二者关系的重要手段，并在经济发展相关指标预测中得到广泛应用。

2.2.4　生态经济系统理论

生态经济系统理论要求既符合经济学的规律，又符合生态学的规律。生态经济理论包含因地制宜原理和阈限原理。生态系统具有自我调节能力，允许存在一定的生态压力，但生态系统的自我调节能力是有限的，只有当外界的干扰和压力在生态系统所承受的阈限范围之内，生态系统才能通过自我调节而维护自身的平衡。如果外界的干扰和压力超出了生态系统所能承受的阈限，那么，生态系统的自我调节能力就遭到破坏，生态系统就会衰退甚至崩溃。根据生态系统的这个特征，就要求人类对土地生态系统的干扰或压力不能超过生态系统所能承受的阈限。

2.2.5　土地优化配置理论

土地资源优化配置是提高土地利用节约集约，实现土地资源可持续利用的根本保障。土地优化配置是在原有土地基础上根据土地需求改变土地用途，基于土地适宜性和土地利用现状，对土地利用布局进行科学合理的配置。土地优化配置，包括土地结构调整和布局优化配置两部分内容。结合土地优化目标，充分考虑影响土地利用的条件和因素对区域土地进行土地利用结构调整。对土地生态经济系统，以优化产业布局和城市空间结构为出发点，进行空间布局优化配置，实现自然生态、社会、经济价值最大化，促进土地低碳利用。

2.3　方法及改进

2.3.1　土地利用变化碳排放估算法

《2006 年 IPCC 国家温室气体清单指南》（以下简称《2006 年 IPCC 清单》）中提到三种基于土地利用数据分析土地利用碳排放的方法：第一种是只有各期土地利用总面积，无土地利用间的转换数据；第二种是有土地利用总面积和土地利用转移矩阵的数据；第三种是有空间明晰的土地利用转移矩阵的数据。本节采取《2006 年 IPCC 清单》中提到的第三种方式，计算土地利用变化碳排放。具体操作步骤如下（以市域为研究对象）：首先，将解译的两期遥感影像进行叠置，得到土地利用空间转移变化图，获取转变土地利用类型和保持不变土地利用类型的数量及空间分布；其次，结合土壤和植被碳密度，生成转变土地利用类型的碳排放量，汇总各地类碳排放量，完成研究区范围土地利用直接碳排放测算；再次，将各用地类型上的产业活动碳排放量作为属性数据与研究的区域进行挂接，测算研究区各土地利用类型间接碳排放；最后，土地利用直接碳排放和间接碳排放相加，则为研究区某个时间段的各土地利用类型碳排放数据，汇总各土地利用类型碳排放量得到土地利用变化总碳排放量。土地利用碳排放构成，见图 2-1。

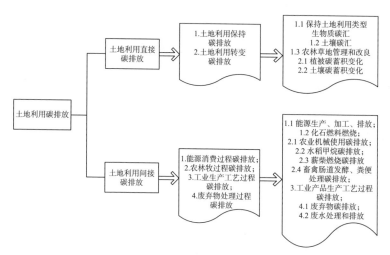

图 2-1　土地利用变化碳排放框架

2.3.1.1　土地利用直接碳排放

土地利用直接碳排放，包括保持土地利用类型碳排放和转变土地利用类型碳排放，考虑到保持土地利用类型碳排放主要是因为管理水平不同产生的碳排放，不易定量化，本书所指土地利用直接碳排放主要是转变土地利用类型碳排放。

转变土地利用类型碳排放测算步骤如下：先分析不同时期土地利用遥感影像解译图，利用 GIS 空间分析，获取土地利用类型的变化区类型、面积、空间分布。计算某土地利用类型转变前后对应植被的碳密度差，转变面积乘以植被碳密度差得到该地类转变的植被碳排放量；计算某土地利用类型转变前后对应土壤的碳密度差，转变面积乘以土壤碳密度差得到该地类转变的土壤碳排放量；汇总每类、所有地类转变碳排放总量。土地利用直接碳排放测算流程，见图 2-2。

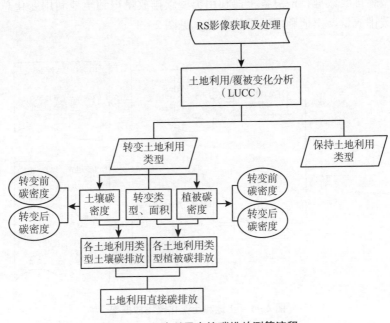

图 2-2　土地利用直接碳排放测算流程

（1）转变土地利用类型植被碳排放

通过转变面积与植被碳密度差进行测算。计算公式如下：

$$\Delta C_V = \sum_{i=1}^{n} \sum_{j=1}^{n} \Delta S_{i-j} \times VD_{j-i} \qquad (2-1)$$

在式（2-1）中，ΔC_V 表示植被碳排放量；ΔS_{i-j} 表示用地 i 变为用地 j 的面积；i，j = 1，2，3，…，n，代表耕地、林地、草地等用地类型；VD_{j-i} 表示 j 地类与 i 地类单位面积植被碳密度差。

（2）转变土地利用类型土壤碳排放

通过转变面积与土壤碳密度差进行测算。计算公式如下：

$$\Delta Cs = \sum_{i-1}^{n} \sum_{j=1}^{n} \Delta S_{i-j} \times SD_{j-i} \qquad (2-2)$$

在式（2-2）中，ΔCs 表示土壤碳排放量；ΔS_{i-j} 表示用地 i 变为用地 j 的面积；i，j = 1，2，3，…，n，代表耕地、林地、草地等用地类型；SD_{j-i} 表示 j 地类与 i 地类单位面积土壤碳密度差。

2.3.1.2 土地利用间接碳排放

土地利用类型转变产生的碳排放仅为人类活动产生碳排放的一部分，其他的化石燃料燃烧、工业产品生产工艺过程碳排放、人类产生废弃物碳排放等也是在土地承载的空间上产生的碳排放，我们把土地承载的这部分人类活动引起的碳排放统称为土地利用间接碳排放。土地利用间接碳排放涉及面较广，本书参照《2006 年 IPCC清单》，建立各种用地类型上人为源碳排放。核算明细见表 2-1。

表 2-1　　土地利用间接碳排放——人为源碳排放核算明细

分类	项目	核算明细	土地利用类型
能源消费碳排放	液体燃料	原油	建设用地
		汽油	建设用地
		煤油	建设用地
		柴油	建设用地
		燃料油	建设用地
		液化石油气	建设用地
		其他石油制品	建设用地
	固体燃料	原煤	建设用地
		洗精煤	建设用地
		其他洗煤	建设用地
		型煤	建设用地
		焦炭	建设用地
		煤焦油	建设用地
	气体燃料	天然气	建设用地

分类	项目	核算明细	土地利用类型
工业产品工艺过程碳排放	采掘业	水泥	建设用地
		玻璃	建设用地
	化学工业	电石	建设用地
		纯碱	建设用地
		乙烯	建设用地
	冶金工业	钢铁	建设用地
		铝、镁、铅、锌等	建设用地
农林牧碳排放	农业	水稻 CH_4 排放	耕地
		尿素施用	耕地
		农业机械使用	耕地
	林业	木产品采伐	林地
	牧业	牲畜肠道发酵	草地
		动物粪便管理	草地
废弃物碳排放	固体废弃物处置	工业废弃物处理	建设用地
	废弃物燃烧和填埋	废弃物燃烧、填埋	建设用地
	废水处理和排放	工业废水和生活废水	建设用地

资料来源：作者参照《2006 年 IPCC 清单》，建立各种用地类型上人为源碳排放。

（1）能源碳排放

能源碳排放主要是化石燃料燃烧所排放的碳，占人类经济活动总碳排放的 2/3 以上。化石燃料主要包括固体燃料、液体燃料、气体燃料。借鉴 IPCC 能源消费碳排放计算方法，各能源消费碳排放计算公式如下：

$$Ce = \sum_{i-1}^{n} Q_i \times H_i \times (C_i + M_i) \qquad (2-3)$$

在式（2-3）中，Ce 为能源碳排放总量，Q_i 为 i 类能源消费量，H_i 为 i 类能源净发热值，C_i 为 i 类能源碳排放系数，M_i 为 i 类能源 CH_4 排放系数。其中，C_i 为缺省碳含量与氧化碳因子乘积。各种能源参数来自《2006 年 IPCC 清单》，见表 2-2。

表2-2   各种能源碳排放参数

吨标准煤	折算系数 （Gj/t）	缺省碳含量 （kgC/Gj）	氧化碳 因子	CH₄排放系数 （kgCH₄/TJ）
原煤	20.934	25.8	1	1
洗精煤	26.344	26.209	1	1
其他洗煤	9.4085	26.95	1	1
型煤	15.909	26.6	1	1
焦炭	28.435	29.2	1	1
其他煤气（万立方米）	16.97	60.2	1	1
天然气	35.544	15.2	1	1
液化天然气	50.179	17.2	1	1
原油	41.868	20	1	3
汽油	43.07	18.9	1	3
煤油	43.124	19.6	1	3
柴油	42.705	20.2	1	3
燃料油	41.868	21.1	1	3
液化石油气	50.179	17.2	1	1
炼厂干气	46.05	15.7	1	1
其他石油制品	37.681	20	1	3
热力百万千焦	29.344	26.95	1	1
电力万千瓦时	35.971	26.95	1	1
其他燃料	37.681	20	1	3

资料来源：作者参照《2006年IPCC清单》，建立各种用地类型上人为源碳排放。

（2）工业产品工艺过程碳排放

主要工业产品包括水泥、钢铁、纯碱、电石等，这些工业产品生产过程中排放的碳比较复杂，考虑到不同地区生产工艺、能耗不同，相关数据难以获取，本书采用国内外研究成果进行估算。计算公式如下：

$$Cin = \sum_{i-1}^{n} P_i \times E_i \times 12 \div 44 \qquad (2-4)$$

在式（2-4）中，Cin 为工业产品工艺过程中碳排放量，P_i 是第 i 类工业产品产量，E_i 是第 i 类工业产品碳排放系数。主要工业产品碳排放系数，见表 2-3。

表 2-3　　　　　　　　　　　主要工业产品碳排放系数

主要产品	钢铁	水泥	电石	纯碱	玻璃
排放因子（TCO_2/t）	1.06	0.136	2.19	0.138	0.21

资料来源：钢铁碳排放系数来自蔡博峰；水泥排放系数来自方精云；电石、纯碱、玻璃排放系数来自《2006 年 IPCC 清单》。

（3）废弃物碳排放

废弃物包括生产和生活固体废弃物、废水处理。固体废弃物最终处置方式是填埋和焚烧，目前露天焚烧情况较少。垃圾焚烧产生的 CO_2 和填埋产生的 CH_4 计算公式如下：

1）垃圾焚烧碳排放量

$$C_{was-burn} = Q_{was-burn} \times C_{was} \times P_{was} \times EF_{was} \qquad (2-5)$$

在式（2-5）中，$C_{was-burn}$ 表示垃圾焚烧产生的碳排放量，$Q_{was-burn}$ 表示垃圾焚烧量，C_{was} 表示废弃物含碳量比例，缺省值为 0.4，P_{was} 表示废弃物中矿物碳比例，缺省值为 0.4，EF_{was} 表示废弃物焚烧炉完全燃烧效率，缺省值为 0.95。

2）垃圾填埋碳排放量

$$C_{was-fill} = Q_{was-fill} \times C_{was} \times (1-P) \qquad (2-6)$$

在式（2-6）中，$C_{was-fill}$ 表示垃圾填埋产生碳排放，$Q_{was-fill}$ 表示垃圾填埋量，C_{was} 表示垃圾 CH_4 排放因子，缺省值为 0.167，P 为垃圾含水率，缺省值为 0.715。

废水碳排放分为生活废水和工业废水两部分。

3）生活废水碳排放量

$$C_{wl} = N_p \times BOD \times P \times C_{BOD} \times F \times 365 \qquad (2-7)$$

在式（2-7）中，C_{wl} 表示生活废水甲烷排放量，N_p 表示人口数，BOD 表示人均 BOD 中有机物含量，缺省值为 60gBOD/人/天，P 表示易于沉积的 BOD 比例，缺省值为 0.5，C_{BOD} 表示 BOD 排放因子，缺省值为 0.6gCH$_4$/gBOD，F 表示废水中无氧降解的 BOD 比例，缺省值为 0.25kgCH$_4$/kgCOD。

4）工业废水碳排放量

$$C_{wi} = Q_{wi} \times COD \times C_{COD} \qquad (2-8)$$

在式（2-8）中，C_{wi} 表示工业废水甲烷排放量，Q_{wi} 表示废水量，COD 表示化学需氧量，C_{COD} 表示最大甲烷产生能力，缺省值为 0.25kgCH$_4$/kgCOD。

（4）农林牧人为碳排放

1）农业生产过程中人为源碳排放

①稻田甲烷

水稻在厌氧条件下有大量甲烷排出，根据唐红侠（2009）对各省区市稻田甲烷排放估计参数的研究，计算公式如下：

$$C_{paddyl} = S_{paddy} \times C_{paddys} \times T_{paddy} \times 12 \div 16 \qquad (2-9)$$

在式（2-9）中，C_{paddyl} 表示稻田甲烷排放量，S_{paddy} 表示稻田面积，C_{paddys} 表示甲烷碳排放率，T_{paddy} 表示水稻生长期。

②尿素施用

在农业生产过程中，尿素大量使用造成地力下降，据研究，尿素中只有1/3的氮被农作物吸收，1/3进入地下水、土壤，1/3挥发到大气中，造成大气温室气体增多。尿素碳排放计算公式如下：

$$C_{fer} = Q_{fery} \times 0.3 \qquad (2-10)$$

在式（2-10）中，C_{fer} 表示尿素碳排放量，Q_{fery} 表示尿素使用量。

③农用机械总动力碳排放

农用机械总动力碳排放计算公式，参考能源碳排放中电力计算公式及参数。

2）在林业生产过程中人为源碳排放

在林业生产过程中，碳排放主要考虑薪柴燃烧造成碳排放。计算公式参考能源碳排放中薪柴计算公式及参数。

3）牧业生产过程人为源碳排放

动物肠道发酵、粪便管理碳排放，参考中国温室气体清单研究和 IPCC 温室气体清单指南中的甲烷排放参数，结合区域主要动物数量进行推算。计算公式如下：

$$C_{animal} = \sum_{i=1}^{n} N_i \times (C1_i + C2_i) \qquad (2-11)$$

在式（2-11）中，C_{animal} 表示动物碳排放量，N_i 表示 i 类动物数量，$C1_i$ 表示 i 类动物肠道发酵甲烷排放系数，$C2_i$ 表示 i 类动物粪便甲烷排放系数。动物甲烷排放参数，见表 2-4。

表 2-4　　　　　　　动物甲烷排放参数　　　（单位：$kgCH_4$/头·a）

类别	家牛	绵羊	山羊	马	驴和骡子	猪	家禽
肠道发酵	61	5	5	18	10	1	
动物粪便	17.68	0.148	0.17	1.64	0.9	3	0.08

资料来源：家牛参数参考《2006 年 IPCC 清单》中水牛的排放因子；山东省济南市气温在 14~15℃ 之间，因此，牲畜种群排放因子对应气候温和地区亚洲的有关数据。

2.3.1.3　土地利用碳蓄积

（1）植被碳蓄积

考虑到耕地种植的农作物大多为一年生草本植物，其生长和消费环节可以看作一个年度的碳输入、碳输出，实质未产生植被碳累积，因此，耕地植被碳蓄积为 0。植被碳蓄积主要考虑林地、草地、城市绿化植被三部分。每年植被碳蓄积量测算公式如下：

$$C_V = \sum_{i=1}^{3} S_i \times VD_i \qquad (2-12)$$

在式（2-12）中，C_V 表示植被碳蓄积量，S_i 表示用地面积，i = 1，2，3 代表林地、草地、城市绿化用地，VD_i 表示林地、草地、城市绿地单位面积植被碳密度。各植被碳密度参考国内学者研究成果的平均值，主要植被类型碳密度参数，见表 2-5。

表 2 - 5　　　　　　　主要植被类型碳密度参数　　　　（单位：t/ha）

作者	自然林	草地	城市绿地植被
方精云	48.75	5.25	
管东生			32.10
王效科	36.45		
李克让	53.40	3.40	
赵敏	41.32		
徐新良	36.04		
赵荣钦	43.19	31.11	32.10
均值	43.49	17.26	32.10

（2）土壤碳蓄积

土壤碳蓄积通过土壤碳密度和某类型用地面积进行测算。测算公式如下：

$$Cs = \sum_{i-1}^{n} S_i \times SD_i \qquad (2 - 13)$$

在式（2 - 13）中，Cs 表示土壤碳蓄积量，S_i 表示用地面积，i = 1，2，3，…，n 代表耕地、林地、草地等，SD_i 表示各用地土壤碳密度。土壤碳密度利用第二次土壤普查数据，通过计算区域各土地利用类型范围内土壤类型面积与土壤类型容重、土层厚度、土壤类型有机碳含量，求得某类用地范围内土壤总碳蓄积量，然后与土地面积相除，得到各类用地单位面积土壤碳密度。济南市土壤碳密度，见表 2 - 6。

表 2 - 6　　　　　各种地类 100cm 深表层土壤有机碳密度

土地利用类型	表层土壤碳密度（kg/m²）
耕地	3.42
林地	3.26
草地	2.14
水域	4.1
居民点	2.5
工矿及交通	2.3
未利用地	1.6

2.3.1.4　土地利用净碳排放

区域某年土地利用净碳排放等于土地利用碳蓄积与土地利用碳排放的差额，土地利用碳排放包括土地利用直接碳排放和土地利用间接碳排放，因此某年土地利用净碳排放等于年初碳蓄积减去期内土地利用直接碳排放、土地利用间接碳排放。土地利用直接碳排放是由土地利用变化导致碳蓄积变化引起的，即年末碳蓄积与年初碳蓄积差额，因此，某年土地利用净碳排放等于年末碳蓄积减去当年土地利用间接碳排放。土地利用净碳排放测算流程，见图 2 – 3。

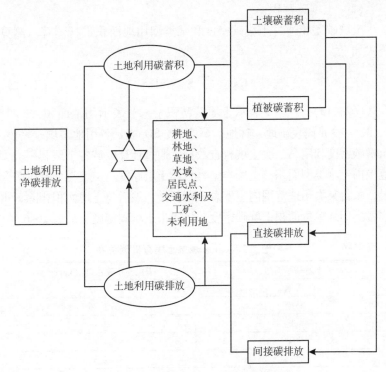

图 2 – 3　土地利用净碳排放测算流程

资料来源：作者根据相关资料绘制而得。

各土地利用类型碳蓄积、碳排放构成，见表2－7。

表2－7　　　　　各土地利用类型碳蓄积、碳排放构成

土地利用类型	碳蓄积	碳排放
耕地	农田碳储量	农业生产过程能源消费
	植被碳储量	
林地	森林碳储量	
	土壤碳储量	
草地	草地碳储量	
	土壤碳储量	
水域	水面溶解吸收碳	
	有机物碳库	
居民点	绿化植被碳储量	城镇村能源消费碳排放
		生活用电
	土壤碳储量	废弃物碳排放
		牲畜 CH_4 排放
工矿及交通	绿化植被碳储量	工业、水利能源消费碳排放
	土壤碳储量	交通工具碳排放、工业废弃物碳排放
		工业用电
未利用地	植被碳储量	
	土壤碳储量	

资料来源：作者根据相关资料整理而得。

2.3.1.5　土地利用碳排放效应分析

从碳排放强度和碳排放与社会经济耦合两个方面建立指标，反映土地利用碳排放效应，用于评价区域碳排放效应的变化。

（1）碳排放强度指标

1）单位面积碳排放强度：衡量某类土地利用碳排放强度大小的指标，等于某地类碳排放量与土地面积的比值。区域土地利用碳排放强度等于碳排放总量与土地总面积比值，单位为 t/ha。

2）土地利用碳排放结构：反映区域某类土地利用碳排放占总

碳排放比值及各地类碳排放相互关系，无量纲。

3）碳源强度：在人类利用土地的过程中，导致碳排放的各种土地利用方式、行为称为碳源，产生碳排放量与土地利用类型面积之比，称为碳源强度。因建设用地主要发挥碳源功效，所以用单位建设用地碳排放量作为碳源强度的衡量，单位 t/ha。

4）碳汇强度：在人类利用土地的过程中，导致碳吸纳的各种土地利用方式、行为称为碳汇，产生碳蓄积量与土地利用类型面积之比，称为碳汇强度。耕地、林地、草地、水域、未利用地主要发挥碳汇功效，建设用地兼具碳源功效和碳汇功效，以碳源为主，单位 t/ha。

5）人均碳排放：指区域总碳排放量与总人口比值，反映区域人类活动对生态环境人均影响程度，单位 t/人。

（2）碳排放与社会经济耦合指标

1）单位 GDP 碳排放强度：等于碳排放总量与国内生产总值比值，衡量区域产值耗能情况，单位 t/万元。

2）第一产业碳排放强度：等于第一产业范围内碳排放总量与第一产业产值的比值，衡量区域第一产业产值耗能情况，单位 t/万元。

3）第二产业碳排放强度：等于第二产业范围内碳排放总量与第二产业产值的比值，衡量区域第二产业产值耗能情况，单位 t/万元。

4）第三产业碳排放强度：等于第三产业范围内碳排放总量与第三产业产值的比值，衡量区域第三产业产值耗能情况，单位 t/万元。

5）单位固定资产投资碳排放量：等于碳排放量与固定资产投资的比值，反映固定资产投资对碳排放的影响作用，单位 t/万元。

6）碳排放弹性系数

①人口碳排放弹性系数

等于人口增长变化率与碳排放变化率的比值，反映碳排放增长对人口增长的弹性作用，表明碳排放每增长 1% 能带动人口增长多少个百分点，无量纲。

②经济碳排放弹性系数

等于经济增长变化率与碳排放变化率的比值，反映碳排放增长对经济增长的弹性作用，表明碳排放每增长1%能带动经济增长多少个百分点，无量纲。

③建设用地碳排放弹性系数

等于建设用地变化率与建设用地碳排放变化率的比值，反映碳排放变化率对建设用地面积变化的弹性作用，无量纲。

④固定资产投资碳排放弹性系数

等于固定资产投资增长变化率与碳排放变化率的比值，反映碳排放增长对固定资产投资的弹性作用，表明碳排放每增长1%能带动固定资产增长多少个百分点，无量纲。

2.3.2 时空生态足迹分析法

2.3.2.1 传统生态足迹模型

传统生态足迹模型将土地分为以下六种类型：耕地、林地、草地、化石能源用地、建筑用地和水域。从需求方面计算生态足迹的大小，从供给方面计算生态承载力的大小，通过二者的比较（生态赤字或生态盈余），评价研究对象的可持续发展状况。

（1）生态足迹模型

生态足迹是生产区域人口所消费的所有资源和消纳这些人口所产生的所有废弃物需要的生物生产性土地面积。计算公式如下：

$$EF = r_j \times \sum aa_i = r_j \times \sum (c_i / p_i) \qquad (2-14)$$

在式（2-14）中，EF 为人均生态足迹（ha/人），i 为消费品和投入的类型，j 为生物生产性土地类型，r_j 为均衡因子，aa_i 为人均 i 种消费品折算的生物生产面积，c_i 为 i 种消费品的人均消费量，p_i 为相应的生态生产性土地生产第 i 项消费品的年平均生产力（kg/ha）。

（2）生态承载力模型

生态承载力是区域所能提供的各种生态生产性土地面积的总和。计算公式如下：

$$EC = \sum a_j \times r_j \times y_j \qquad (2-15)$$

在式（2-15）中，EC 为人均生态承载力（ha/人），a_j 为第 j 类生态生产性土地的人均供给面积，r_j 为第 j 类生物生产性土地的均衡因子，y_j 为第 j 类生物生产性土地的产量因子，采用全球平均产量。

2.3.2.2　改进生态足迹模型

从第 1 章提到的生态足迹改进方面入手，结合上文提出的时空生态足迹概念，对传统生态足迹模型从以下方面进行改进。

（1）均衡因子修正

在传统生态足迹模型中，为便于六类生物生产性用地的直接相加，对每一地类进行均衡因子修正，目的是使之具有相同生物生产力的土地面积。生态足迹应用至今，研究者们大多套用世界均衡因子，如此一来尽管便于全球各地生态足迹比较，但不同区域土地生产力水平差异大，计算结果与实际偏差较大。中国学者刘某承采用中国 2001 年分辨率为 1km 的 MODIS 数据，根据植被的净初级生产力（net primary production，NPP）对中国生态足迹均衡因子进行测算，其结果被广大学者所接受。受其启发，每一地类碳蓄积能力（既包括植被碳蓄积又包括土壤碳蓄积）能够更全面地表达生产力水平，因此，本书采取碳蓄积均衡因子修正各地类生产力，使之具有相同碳蓄积生产力的土地面积能够相加。计算公式如下：

$$r_j = \frac{p_i}{\bar{p}}; \quad p_j = \frac{C_j}{S_j}; \quad \bar{p} = \frac{\sum_{j=1}^{6} C_j}{\sum_{j=1}^{6} S_j} \qquad (2-16)$$

在式（2-16）中，r_j 表示碳蓄积均衡因子，p_j 为某一地类碳蓄积水平（t/ha），$\bar{p}$ 表示区域平均碳蓄积水平（t/ha），C_j 表示 j 地类碳蓄积量（t），S_j 表示 j 类土地面积（ha）。

（2）产量因子修正

在传统生态足迹模型中，产量因子计算采用全球某地类平均产量，虽便于横向比较，但脱离区域实际情况。对于不同研究尺度建议采用不同级别平均产量，比如，市域研究尺度，采用市级研究区域平均产量与上级行政区（省级）平均产量之比，使之更符合区域实际情况。本书采用各地类产品平均热量之比，作为产量因子测算基础。计算公式如下：

$$y_j = \frac{\left(\dfrac{H_{nj}}{L_{nj}}\right)}{\left(\dfrac{H_{sj}}{L_{sj}}\right)} \qquad (2-17)$$

在式（2-17）中，y_j 代表产量因子，H_{nj} 代表济南市 j 地类产品总热量（KJ），L_{nj} 代表济南市 j 地类面积（ha），H_{sj} 代表山东省 j 地类产品总热量，L_{sj} 代表山东省 j 地类面积。

（3）土地多功能系数修正

土地具有承载功能、生产功能、景观功能、仓储功能等多功能性，每一地类有其主导功能，但同时兼具其他功能。例如，林地主要具有生产林产品、提供木材等功能，但同时也具有较强的生态功能；牧草地除具有生产功能外，也具有废物处理、休闲娱乐等生态功能；水域除具有水产品生产功能外，还具有气候调节、废物处理、休闲娱乐等功能。因此，如何合理体现土地多功能性，弥补传统生态足迹认为的"土地功能互斥性"对足迹模型的改进具有重要的影响。本书借鉴科斯坦萨等（Csotanza et al.）对土地各地类生态系统提供生态服务价值的评估结果和土地集约利用相关概念内涵提出"土地多功能系数"指标，对生态承载力的测算进行修正。

1）生态服务价值核算法

土地利用生态系统具有气候调节、水源涵养、侵蚀控制、生物多样性保护、食物生产、提供原材料、娱乐休闲等多种功能，不同景观要素提供的生态系统服务功能不同，服务价值亦不同。通过生态系统服务价值核算，反映土地利用变化产生的生态服务功能价值变化，从经济价值上定量分析土地利用变化引起的生态效应变化。采用谢高地等（2003）的中国陆地生态系统单位面积生态服务价值当量表，估算研究区生态服务价值多年动态变化。[①] 计算公式如下：

$$V = \sum A_i \times R_i \qquad (2-18)$$

在式（2-18）中，V 表示研究区生态系统总服务价值，A_i 表示研究区第 i 种土地利用类型面积，R_i 表示第 i 种土地利用类型生态服务价值系数。

2）土地多功能系数

土地多功能系数包含两层含义：一是单纯意义上的土地多功能性，如林地、草地除具备生产功能外还具备较强的生态功能；二是土地空间的多功能性，对于农用地，因耕作制度不同产生不同的土地利用面积，对于建设用地，因容积率不同产生不同的土地利用面积，即土地集约利用程度影响人类对土地利用的效率，本书将这一影响也包含在土地多功能系数中。

单纯意义上土地多功能性测算：假设通常情况下土地主导功能能够提供的承载力为 1，那么，其他兼具功能能够提供的承载力以主导功能为基数，乘以二者生态系统服务价值比值作为此地类其他功能的修正系数，适用于林地、草地、水域。计算公式如下：

$$m_j = \frac{EV_{zj}}{EV_{sj}} \qquad (2-19)$$

在式（2-19）中，m_j 为 j 地类土地多功能性系数，EV_{zj} 为 j 地类主导功能生态服务价值量，EV_{sj} 为 j 地类其他功能生态服务价值量，地类主要指林地、草地、水域。

依据科斯坦萨（Costanza）、谢高地、郑江坤等关于各地类生态服务价值量的测算，林地、草地、水域污染吸纳功能当量系数计

---

① 谢高地，鲁春霞，冷允法等. 青藏高原生态资产的价值评估. 自然资源学报，2003，18（2）：189-196.

算，见表 2 - 8。

表 2 - 8　　　　　林地、草地、水域生态用地污染吸纳功能当量系数

作者	林地	草地	水域
科斯坦萨（Csotanza）	0.479	1.298	1.661
谢高地等	0.520	1.671	19.760
郑江坤	0.519	1.670	18.770
马妍	0.481	1.299	16.220
均值	0.500	1.485	14.103

土地空间的多功能性测算：耕地采用复种指数进行修正，建设用地采用容积率进行修正。

（4）时空二维表达

进一步加强与地理信息技术的耦合。地理信息技术主要指，遥感（RS）、地理信息系统（GIS）。基于遥感技术获取区域土地遥感影像。多期遥感影像数据的采用，能够较准确地获取长时间序列的土地利用转移矩阵数据且来源一致，数据可信度更高些。GIS 的空间分析有利于多尺度生态承载力时空变化数据的表达，如采用市级遥感影像，则可以获取市级、县区级、乡镇级的图斑等不同尺度空间数据。不仅能够进行多期土地利用数据空间分析，而且能够与其他信息数据结合（土地均衡因子、产量因子）进行承载力修正，使得承载力汇总结果更符合实际。

（5）预测功能改进

传统生态足迹只能静态评估一个地区生态压力的大小，没有体现出人口增长、技术进步及社会经济发展对生态足迹的影响，更无法预测未来的变化趋势，这也是该模型的一大缺陷，成为学者和专家争议与改进的课题。如尤飞（2002）等构建生态足迹幂指数趋势拟合模型；蒋依依（2005）等采用逐步回归法对生态足迹及社会经济指标进行拟合；吴开亚（2006）等利用偏最小二乘回归方法对人

口、经济与生态足迹间的动态发展与相互影响状态进行模拟；张波（2010）采用趋势预测和多情景模拟法对中国生态足迹进行情景模拟。上述生态足迹预测法大都通过历年生态足迹测算和影响因素分析，建立影响因素与生态足迹的方程达到预测目的。实际上，影响生态足迹的因素非常多，单纯选取相关的社会经济指标作为自变量进行方程的构建削弱了足迹预测值的可信度，因此，本节从生态足迹形成的源头入手（如耕地生态足迹是由于人类对粮食的消费产生的），通过预测影响每类生态足迹的因素（粮食量），达到预测各类生态足迹的目的；通过区域碳排放的预测，间接实现碳足迹的预测。

（6）碳足迹改进

能源足迹体现的是人类社会经济活动产生的废弃物被吸纳所需要的生态生产性土地。而目前碳排放的研究恰巧能解决此问题。碳排放将人类社会经济活动直接碳排放和间接碳排放全部考虑在内，且污染物也以碳排放形式进行转化（当量碳）考虑在内。因此，生态足迹中的能源足迹若以碳足迹代替，能较全面地体现人类活动对环境的影响，而且此指标能够反映人类活动排放的碳在整个生态足迹中的贡献及变化规律，从而为碳减排、地方政策出台、低碳经济发展提供基础数据支撑。[①]

碳足迹包含人类社会经济活动直接碳排放和间接碳排放，因为污染物处理或排放最终以温室气体形式排放到环境中，因此本节将在前人工作的基础上，重新定义碳足迹为吸收人类社会经济活动产生的各种碳排放所需要的生态生产性土地面积。一方面，紧扣生态足迹中能源足迹内涵；另一方面，将人类排放的各废弃物尽量考虑全面，全面衡量人类活动对环境的影响。

1）碳足迹测算

根据土地利用碳排放的研究结果，区域人类碳排放包括土地利用直接碳排放和能源碳排放、工业产品工艺过程碳排放、废弃物碳

---

① 舒娱琴. 中国能源消费碳排放的时空特征. 生态学报，2012，32（16）.

排放、农林牧人为碳排放；碳吸收能力取决于各地类碳蓄积能力。计算公式如下：

$$EF_c = \frac{(C_l + C_e + C_{in} + C_f + C_n)}{\overline{NP}}$$

$$\overline{NP} = \frac{\sum_{j=1}^{m} A_j \times NP_j}{\sum_{j=1}^{m} A_j} \qquad (2-20)$$

在式（2-20）中，EF_c 表示碳足迹，C_l 表示土地利用直接碳排放，C_e 为能源碳排放量，C_{in} 为工业产品工艺过程中碳排放量，C_f 表示废弃物产生的碳排放量，C_n 表示农林牧人为碳排放量，$\overline{NP}$ 表示区域平均碳吸收能力，A_j 表示 j 地类土地面积，NP_j 表示 j 地类碳吸收能力，j 表示地类。碳吸收能力用各地类碳蓄积能力计算，包括植被和土壤碳蓄积。

2）碳吸收用地承载力测算

碳吸收用地承载力在传统生态足迹模型中大多假设为 0，这也是导致生态赤字较大的主要原因。基于前述土地多功能系数，具有碳吸收功能的地类均包含在碳吸收用地范畴之中。这样，林地、草地、水域、城市绿地均起到碳吸收的功效，我们把四类用地按照土地多功能系数进行调整，调整后面积作为碳吸收用地承载力基数。计算公式如下：

$$EC_c = (A_f \times L_f + A_g \times L_g + A_w \times L_w + A_c \times L_c) \times r_j \times y_j \qquad (2-21)$$

在式（2-21）中，EC_c 表示碳吸收用地承载力，A_f 表示林地面积，L_f 表示林地多功能系数，A_g 表示草地面积，L_g 表示草地多功能系数，A_w 表示水域面积，L_w 表示水域多功能系数，A_c 表示城市绿地面积，L_c 表示城市绿地多功能系数，r_j 表示均衡因子，y_j 表示产量因子。

3）碳压力

所谓碳压力，是衡量区域碳排放造成的生态压力大小的指标。用人均碳赤字除以人均碳吸收用地作为计算依据。

（7）生态足迹与社会经济指标耦合

传统生态足迹模型因其生态偏向性，不能全面地评价区域可持续发展程度，需要加强与社会经济因素耦合，构建综合的可持续评价模型。

1）万元 GDP 生态足迹

万元 GDP 生态足迹指，万元 GDP 占用的生态生产性土地面积（单位：ha/万元）。

2）生态足迹多样性指数

生态足迹多样性指数指，用来描述生态足迹中六大土地利用类型的分配公平度，采用香农—韦弗（Shannon - Weaver）计算公式：

$$H = - \sum_{i=1}^{6} [P_i \ln P_i] \qquad (2-22)$$

在式（2-22）中，H 是多样性指数，P 是 i 土地类型在总生态足迹中的比例，i = 1，2，3，4，5，6。此指标在表征土地系统结构特征方面有一定作用，土地利用类型组成越均衡，生态足迹多样性指数越高。

3）生态足迹发展能力

生态足迹发展能力由生态足迹乘以生态足迹多样性指数得到。按 Ulanowicz 的公式，发展能力计算公式如下：

$$C = EF \times \sum_{i=1}^{6} [p_i \ln p_i] \qquad (2-23)$$

在式（2-23）中，C 为发展能力，EF 为某一区域的生态足迹，p_i 为 i 类土地生态足迹在总生态足迹中的比例。发展能力与 GDP 成正相关，生态足迹多样性指数越大，系统发展能力越强。

4）经济足迹弹性系数

经济足迹弹性系统等于经济增长变化率与生态足迹变化率的比值，反映经济增长对足迹增长的弹性作用，表明经济每增长 1% 能带动足迹增长多少个百分点。

5）人口足迹弹性系数

人口足迹弹性系数等于人口增长变化率与生态足迹变化率的比值，反映人口增长对生态足迹增长的弹性作用，表明人口每增长1%能带动生态足迹增长多少个百分点。

（8）传统生态足迹模型与改进生态足迹模型对比分析，见表 2-9。

表 2-9　　传统生态足迹模型与改进生态足迹模型内容、特征对比分析

项目	传统模型		改进模型	
	原有内容	特征及功能	改进内容	特征及功能
均衡因子测算	全球平均产量	不能很好地表达土地生产性能	采用研究区土地碳蓄积能力进行计算	采用土地碳蓄积能力作为均衡因子测算基础，既考虑植被生产力又考虑土壤生产力，而非仅考虑平均产量；采用研究区域实际数据进行测算，而非全球统一标准
产量因子测算	全球平均产量	对于不同尺度均采取全球统一标准，不符合小尺度研究区域实际情况	市域生态足迹研究采用"省公顷"	不同研究尺度采用不同级别平均产量，既符合实际情况，又可以经过同级别当量因子转化后进行横向比较
土地功能多样性	忽略	假设土地功能空间互斥性	增加土地多功能系数	采用土地生态服务价值法定量分析各地类多功能性，用土地多功能系数表述某类土地某项功能
生态足迹可视化表达	生态压力表征	只能静态反映区域生态足迹与生态承载力差距，无法实现时间、空间动态表达	与 GIS、RS 结合	通过 RS 获取长时间序列土地承载力数据；通过 GIS 空间分析，表达足迹和承载力不同尺度空间变化情况；通过多期遥感影像数据分析，建立足迹数据库，获取多时间段生态足迹、承载力、压力、足迹与社会经济、碳排放耦合指标等时空变化情况
生态足迹现状表达	区域生态足迹现状分析	只能分析现状，无法实现对未来的预测	采用数理统计模型，基于足迹影响因素，构建预测模型	实现生态足迹动态分析和未来的预测，为实现区域可持续发展、资源节约、环境友好、低碳经济提供数据支持

项目	传统模型		改进模型	
	原有内容	特征及功能	改进内容	特征及功能
碳吸收能力的表达	能源足迹内涵	吸收化石能源燃烧产生的 CO_2 所需林地面积	碳足迹内涵	人类社会经济活动产生的碳排放所需要的生态生产性土地面积
	碳排放量测算范围	仅计算化石能源燃烧产生的 CO_2	人类生产、生活各环节产生碳排放量	根据《2006 年 IPCC 国家温室气体清单指南》中碳排放计算方法将人类社会经济活动产生的碳排放囊括在内，包括污染物和废弃物产生的碳排放，涵盖面广，更加接近现实
	碳排放量测算方法	采用能量折算系数，忽略土地利用变化对能源足迹的影响	采用能量折算系数、碳排放系数	结合实际，采用《2006 年 IPCC 国家温室气体清单指南》推荐的计算方法和碳排放系数法计算碳排放量，结果更接近实际
	具有碳吸收能力的地类	仅考虑林地碳吸收能力	考虑土地多功能性	林地、草地、水域、绿地都具有碳吸收能力，各地类碳吸收能力通过污染吸纳当量因子转化计算
	土地碳吸收能力的表达	考虑林地碳吸收能力	考虑各地类碳蓄积能力	不仅考虑植被 NPP，还考虑土壤碳蓄积能力，用植被和土壤碳蓄积能力之和作为各地类碳吸收能力值
社会经济特征表达	忽略	具有生态偏向性，不能全面评价区域生态、社会经济、环境可持续发展	与社会经济因素耦合，增加社会经济、环境相关指标	构建涵盖生态、社会经济、环境的综合指标体系，全面反应区域可持续发展状况

2.3.3 预测优化方法

低碳土地利用预测采用数理统计法和情景预测法；时空优化采用模糊线性规划和 CLUE – S 模型；方案验证采用景观格局分析法。

2.3.3.1 数理统计法

数理统计法是以概率论为基础，运用统计学的方法对数据进行分析、研究，获得样本特征与总体特性间关系的一种科学方法。常用的数理统计法有：回归分析、方差分析、聚类分析、判别分析、主成分分析、因子分析、逻辑斯蒂分析、信度分析等，本节采用线性回归、非线性回归、模糊线性规划、灰色预测、层次分析法、专家打分法等对土地利用数据、生态足迹数据及人口、经济等基础数据进行预测，预测未来土地低碳利用程度。

2.3.3.2 情景分析法

情景分析法是在对经济、产业、技术等重大演变提出各种假设的基础上，通过对未来详细地、严密地推理并描述构想未来各种可能的方案。该方法认为，未来充满不确定性，但未来有部分内容是可以预测的，基于此，对未来不确定的方面，通过对未来各种情景的构想可以加强对影响系统中规律的、可预测的东西和不确定的方面的理解，从而将未来可能出现的各种情景进行模拟。情景分析法通过对于最可能对系统产生影响的各因素可能发生的变化进行定性分析，然后构想各种可能出现的情景并进行筛选，由此制订相应的对策和措施。本节通过假设未来可能发生的情形，设置不同的低碳土地利用目标，利用情景分析法分析预测不同情景下的土地利用优化配置结果。

2.3.3.3 CLUE - S 模型

CLUE - S（conversion of land use and its effects at small region extent）模型是荷兰瓦赫宁根大学"土地利用变化和影响"研究小组在 CLUE 模型的基础上研发的。CLUE - S 模型运用系统论的方法，在一定约束条件下，处理不同地类之间的竞争关系，实现对不同土地利用变化的同步模拟。该模型有两个假设：其一，地区的土地利用变化受该地区的土地利用需求驱动；其二，该地区的土地利用格局总是与土地需求及该地区的自然环境和社会经济状况处于动态平衡状态。[①] CLUE - S 模型，包括非空间模块和空间分配模块。非空间模块主要输入研究区域内由土地需求驱动因素导致的土地利用结构变化，空间分配模块则是将土地需求结果在空间上进行分配模拟。因此，本节基于 CLUE - S 模型将模糊线性规划的模拟预测结果按照一定规则分配到空间上，实现土地利用空间布局优化。

2.3.3.4 景观格局分析法

LUCC 不仅影响着土地利用系统的物质循环、能量流动和信息传输，而且带来地表景观结构的显著变化，以景观几何特征为基础的景观格局分析可以有效地反映 LUCC 的空间格局，土地利用/覆被变化及景观格局变化研究已成为当前研究的热点和焦点。景观空间格局是景观生态学的一个概念，是指大小不一和形状不一的景观斑块在空间上的排列和组合，包括景观斑块的类型、数量、空间分布等。景观空间格局分析采用景观空间格局指数，分为三个层次：斑块特征指数、景观类型特征指数、景观特征指数。斑块指数反映景观中单个斑块的结构特征，也是计算其他指数的基础；类型指数反映景观中不同类型的结构特征；景观指数反映景观整体结构特

① 张永民，赵士洞．Verburg P. H. CLUE - S 模型及其在奈曼旗土地利用时空动态变化模拟中的应用．自然资源学报，2003，18（3）：310 - 318.

征，从景观斑块的空间镶嵌中发现规律，从而探讨空间格局的演变，判断空间格局演变产生的生态效应。

2.4 本 章 小 结

本章主要介绍了时空生态足迹、低碳土地利用的概念内涵和低碳土地利用评价、预测、优化的理论框架和方法体系。首先，基于土地时空特性表达需求和生态足迹模型的改进方向，提出时空生态足迹概念，完善了传统生态足迹的不足，丰富了生态足迹的内涵；结合低碳经济和土地利用内涵，提出低碳土地利用概念，并从5个方面对低碳土地利用内涵进行解释。其次，构建了基于土地可持续利用理论、生态环境价值理论、脱钩理论、生态经济系统理论、土地优化配置理论的低碳土地利用研究的理论框架。最后，集成了融土地利用碳排放估算法、生态足迹分析法、生态服务价值核算法、数理统计法、情景分析法、CLUE-S模型、景观格局分析法、地理信息技术为一体的方法体系，为低碳土地利用评价、预测、优化提供基础方法支撑。方法中重点对土地利用碳排放核算和传统生态足迹模型进行完善：（1）基于《2006年IPCC清单》中提到的土地利用转移矩阵方法，完善了土地利用变化引起的碳排放量测算的方法和碳排放效应的分析。土地利用碳排放由直接碳排放和间接碳排放组成；土地利用直接碳排放量包括转变土地利用类型植被碳排放和土壤碳排放；土地利用间接碳排放量由能源消费碳排放、工业产品工艺过程碳排放、农林牧碳排放、废弃物碳排放四部分组成。土地利用碳排放效应的分析从碳排放强度和碳排放与社会经济耦合两个方面建立了14个相关指标，评价区域碳排放效应的变化；碳排放量测算的方法和碳排放效应的分析，为碳足迹测算和低碳土地利用评价提供基础方法和相关指标。（2）基于传统生态足迹发展方向和时空生态足迹概念，对传统生态足迹模型从均衡因子和产量因子、土地多功能系数、时空二维表达、动态预测功能、碳足迹、与社会经济耦合综合评价可持续六个方面进行改进；改进后的时空生态足迹模型，进一步夯实了模型构建的基础，更加全面地认识土地多功能；基于土地利用碳排放测算结果，将化石能源足迹用碳足迹代替，将人类对自然环境的影响尽可能囊括在内，改变化石能源承载力为 0 的不符合实际的假设，将生态用地与对应的多功能系数相乘作为碳吸收用地面积；通过与社会经济指标耦合，建立万元 GDP 生态足迹、生态足迹多样性指数、发展能力、经济足迹弹性系数、人口足迹弹性系数五个指标，旨在能更全面地评价土地自然生态、社会经济可持续发展情况；基于数理统计预测方法，实现生态足迹动态分析和未来预测；借助 GIS 等地理信息技术，实现区域生态足迹时空二维尺度的表达，为低碳土地利用评价提供了方法支撑。

第 3 章

低碳土地利用评价、预测
优化集成技术

城市低碳土地利用的理论和试点实践工作目前已开展，但对怎样的土地利用才是低碳土地利用，即城市低碳土地利用评价工作尚处于起步探索阶段，本章基于可持续评价模型——时空生态足迹模型，构建涵盖自然生态、社会经济、环境质量的市域低碳土地利用评价模型；基于模糊线性规划和 CLUE – S 模型实现低碳土地利用时空优化，旨在形成市域低碳土地利用评价、预测优化的一套技术，为低碳土地利用的评价、城市低碳土地利用管理和政策制定提供科学的依据。

3.1 低碳土地利用评价

3.1.1 评价指标选取原则

低碳土地利用评价指标体系的构建是低碳土地利用从理论研究

进入实践应用的重要环节，也是确定土地利用是否低碳的量化标准和指引土地朝着低碳化方向发展的重要依据。

低碳土地利用指标选取原则主要有：

3.1.1.1 全面性

既要考虑区域土地利用碳排放水平，又要考虑土地利用社会经济效益、生态压力。低碳不是目的而是手段，低碳土地利用是既要低碳又要可持续，既要满足各行业对土地的需求，保障社会经济快速发展，又要满足生态环境保护目标，保持较低的碳排放水平。所以，评价指标体系应兼顾土地生态、社会经济、环境各方面，构建全面反映低碳土地利用系统各子系统的综合性指标体系。

3.1.1.2 科学性

土地低碳利用评价指标体系应建立在科学的基础之上，充分理解低碳土地利用内涵，建立既能结合土地利用碳排放构建反映碳排放强度等环境质量的指标，又能充分结合时空生态足迹分析法这一评价土地可持续利用的方法构建评价土地生态的指标，又能结合社会经济指标构建反映土地碳排放效益的指标，使得整个评价体系既科学又全面。

3.1.1.3 针对性

中国低碳土地利用评价与世界上其他国家不同，而且不同研究尺度上的低碳土地利用评价指标体系应有不同。中国正处于城市化快速发展期、工业化进程加快阶段，产业结构势必与发达国家不同，且土地利用碳排放与经济发展水平、产业结构、能源结构、资源禀赋等因素相关，实现低碳土地利用的路径选择和发展模式也不同。因此，所建立的低碳土地利用评价体系应符合区域客观实际情况，与土地资源禀赋、支撑产业发展和环境保护的要求相适应。

3.1.1.4 动态性

指标体系不是静态的，而是随着区域社会经济发展和土地资源状况进行修正。低碳土地利用要求保持较低碳排放，甚至零排放。这一目标的实现需要循序渐进的过程，短期内难以摆脱对化石能源的依赖和高污染、高能耗的经济发展模式，所以低碳土地利用评价应随着经济发展方式、人们的消费结构不断调整，以适应不同时间范围内土地利用功能的变化和土地利用规划目标的实现。

3.1.1.5　可操作性

指标的选择应建立在公认且常见的规范、标准指标基础之上，并且指标有通用的计算公式、数据易获取。统计上无法量化或不易获得数据的指标，暂不列入指标体系。

3.1.2　评价指标体系构建

基于低碳土地利用内涵和低碳土地利用评价指标选取原则，经过指标初选、问卷调查、意见征询、反复筛选、多模型验证，最终构建了由目标层、支持层、准则层、指标层组成的指标体系。

3.1.2.1　评价指标体系

（1）目标层

低碳土地利用指数（low-carbon land-use index，LCLUI），是为了定量反映不同区域、不同时间的低碳土地利用程度的差异。该指标是反映土地自然生态、社会经济、环境质量等综合属性的指标。

（2）支持层

为了进一步反映区域土地利用系统各子系统的低碳利用程度，以市域为研究尺度，设计了三个支持层：自然生态（natural-ecological index，NI）、社会经济（social-economic index，SI）、环境质量（environmental index，EI）。

（3）准则层

准则层是解释支持层的，针对每一支持层设计相应的准则层。

例如，用土地压力反映区域土地自然生态特性；用生态足迹效益和碳排放效益反映区域土地利用社会经济特性；用能耗指数、碳排放强度指数、增长耗能指数反映区域土地环境质量。

（4）指标层

指标层是具体描述每一准则层影响土地低碳利用的基础性指标，共设计了 20 个指标。低碳土地利用模式先要求土地可持续利用，因此，采用可持续评价方法——生态足迹法作为指标构建基础，相关指标的选取多基于生态足迹模型中的生态压力以及其与社会、经济、碳排放耦合的复合指标。低碳土地利用除了要求土地集约利用，实现土地经济价值最大化外，同时提出了土地利用的目标——低碳。因此，在评价指标体系中加入土地利用碳排放相关指标，相关指标为碳排放与生态承载力、人口、建设用地、GDP、固定资产投资等耦合的复合指标。低碳土地利用评价指标体系，见表 3 - 1。

表 3 - 1　　　　　　　　　　低碳土地利用评价指标体系

目标层（A）	支持层（B）	准则层（C）	指标层（D）	权重	正负向
低碳土地利用指数	自然生态（0.32）	土地压力（1）	生态压力（D1）	1	负
	社会经济（0.3）	足迹效益（0.54）	万元 GDP 生态足迹（D2）	0.24	负
			生态足迹多样性指数（D3）	0.16	正
			发展能力（D4）	0.23	正
			足迹经济弹性系数（D5）	0.22	正
			足迹人口弹性系数（D6）	0.15	正
		碳排放效益（0.46）	单位 GDP 碳排放强度（D7）	0.22	负
			第一产业碳排放强度（D8）	0.18	负
			第二产业碳排放强度（D9）	0.35	负
			第三产业碳排放强度（D10）	0.25	负

目标层（A）	支持层（B）	准则层（C）	指标层（D）	权重	正负向
低碳土地利用指数	环境质量（0.38）	能耗指数（0.43）	碳足迹（D11）	0.61	负
			碳压力（D12）	0.39	负
		碳排放强度指数（0.32）	单位承载力碳排放强度（D13）	0.21	负
			单位建设用地承载力碳排放强度（D14）	0.29	负
			人均碳排放量（D15）	0.26	负
			单位固定资产投资碳排放量（D16）	0.24	负
		增长耗能指数（0.25）	人口碳排放弹性系数（D17）	0.22	正
			经济碳排放弹性系数（D18）	0.28	正
			建设用地碳排放弹性系数（D19）	0.26	正
			固定资产碳排放弹性系数（D20）	0.24	正

资料来源：作者根据相关资料整理计算而得。

3.1.2.2　各指标含义

各指标含义及计算公式见第2章的相关指标，其中，单位承载力碳排放强度、单位建设用地承载力碳排放强度含义如下。

（1）单位承载力碳排放强度

指区域单位生态承载力承担的碳排放量，单位 t/ha。

（2）单位建设用地承载力碳排放强度

指区域单位建设用地生态承载力承担的碳排放量，单位 t/ha。

区域低碳土地利用评价指标根据其反映土地低碳利用的特性，分为正向相关指标和反向相关指标。属于正向相关指标的数值越大，表明土地低碳利用程度越高，反之则相反；属于反向相关指标的数值越小，反映土地低碳利用程度越高，反之则相反。评价指标体系中指标层对于目标层的解释方向不同，有正相关也有负相关，不利于低碳土地利用指数的测算和比较。因此，我们将负向相关的指标取其倒数进行计算，便于低碳土地利用指数内涵的准确表达和统一。从各指标的含义可以看出，生态压力越大越不利于土地低碳利用，因此取其倒数，即生态压力越小越利于土地低碳利用。以此类推，万元 GDP 生态足迹、单位 GDP 碳排放强度、第一产业碳排放强度、第二产业碳排放强度、第三产业碳排放强度、碳足迹、碳压力、单位承载力碳排放强度、单位建设用地承载力碳排放强度、人均碳排放量、单位固定资产投资碳排放量均取其倒数作为支撑低碳土地利用指数测算的基础。

3.1.3　评价方法与模型

3.1.3.1　数据标准化处理

评价时，需要对各评价指标进行标准化处理，数据标准化处理方法主要有极值标准化、Z – Score 标准化。通过数据标准化处理，原始数据转换为无量纲化指标值，然后，根据模型进行综合测评。

（1）极值标准化

极值标准化方法是基于数据最大值、最小值，处理后的标准化值处于 [0，1] 间。计算公式如下：

$$X_i = \frac{x_i - x_{min}}{x_{max} - x_{min}} \tag{3-1}$$

在式（3-1）中，X_i 为指标的标准化值，x_i 为指标的实际值，x_{min} 为指标的最小值，x_{max} 为指标的最大值。

（2）Z – Score 标准化

Z – Score 标准化方法基于数据的均值和标准差。处理后的标准化值处于 [-1，1] 间。计算公式如下：

$$X_i = \frac{x_i - \bar{x}}{y} \tag{3-2}$$

在式（3-2）中，X_i 为指标的标准化值，x_i 为指标的实际值，$\bar{x}$ 为指标的均值，y 为指标的标准值。

3.1.3.2 指标权重确定

指标权重表示各评价指标对低碳土地利用评价的影响程度，指标权重分支持层权重、准则层权重、指标层权重。支持层权重之和为1，每一支持层下的准则层权重之和为1，每一准则层下的指标层权重之和为1。指标权重的赋值方法，有主观赋权法和客观赋权法两类。主观赋权法主要是借助专家经验，常用方法有 Delphi 法、AHP 法等；客观赋权法主要是根据评价对象的指标值和阈值运用统计方法获得，客观性较强，常用方法有主成分分析法、均方差法等。

低碳土地利用评价国内外研究尚处于起步阶段，指标体系构建及权重确定应尽可能咨询相关领域专家、学者。因此，本节所构建的指标体系及权重从最初指标遴选到权重确定，先是通过调查问卷和咨询方式，通过三轮专家打分法确定各指标权重；然后，通过结构方程模型（SEM）验证并修正各权重。

3.1.3.3 评价模型

低碳评价指标体系和权重确定后，采用加权求和法计算低碳土地利用指数。

（1）各分指数计算模型

低碳土地利用指数由自然生态分指数、社会经济分指数、环境质量分指数组成。计算公式如下：

$$NI = \sum_{i=1}^{n} X_i \times W_{ci} \times W_{di} \qquad (3-3)$$

在式（3-3）中，NI 代表自然生态分指数，X_i 代表标准化后的数据，W_{ci} 代表 i 指标所属准则层权重，W_{di} 代表 i 指标权重，i=1。

$$SI = \sum_{i=1}^{n} X_i \times W_{ci} \times W_{di} \qquad (3-4)$$

在式（3－4）中，SI 代表社会经济分指数，X_i 代表标准化后的数据，W_{ci} 代表 i 指标所属准则层权重，W_{di} 代表 i 指标权重，$i = 2 \sim 10$。

$$EI = \sum_{i=1}^{n} X_i \times W_{ci} \times W_{di} \qquad (3-5)$$

在式（3－5）中，EI 代表环境质量分指数，X_i 代表标准化后的数据，W_{ci} 代表 i 指标所属准则层权重，W_{di} 代表 i 指标权重，$i = 11 \sim 20$。

（2）低碳土地利用指数模型

$$LCLUI = NI \times W_{bi} + SI \times W_{bi} + EI \times W_{bi} \qquad (3-6)$$

在式（3－6）中，LCLUI 代表低碳土地利用指数，W_{bi} 代表 i 指标所属支持层权重。

3.2　低碳土地利用时空预测优化

本节以实现土地低碳利用为目标，运用传统的模糊线性规划法，从增汇和减排两方面入手对土地利用结构进行调整优化。将模糊线性规划的预测结果作为 CLUE－S 模型的土地需求输入，再考虑其他社会经济因素约束，利用 CLUE－S 模型完成土地利用空间格局优化，实现低碳土地利用时空预测优化。低碳土地利用时空优化技术流程，见图 3－1。

3.2.1　基于模糊线性规划的结构优化

土地利用结构优化采用模糊线性规划模型，根据前面对各种土地利用方式碳蓄积、碳排放能力强度的测算，以碳蓄积最大、碳排放最小为目标建立土地利用结构优化的目标函数，提出区域土地利用结构优化方案，并将优化方案与区域土地利用总体规划方案（2006～2020 年）比对，分析碳减排潜力。最后，结合研究区实际情况和减排目标，根据低碳土地利用评价体系，评价不同方案低碳程度，从中选取优化方案，为区域低碳土地利用发展提供决策支持。

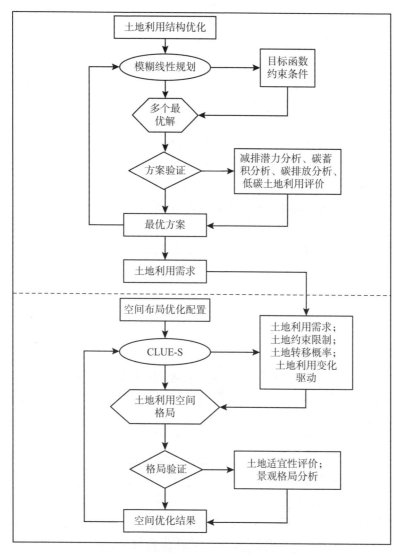

图 3 – 1　基于模糊线性规划和 CLUE – S 的
低碳土地利用时空优化技术流程

3.2.1.1 模糊线性规划模型

模糊线性规划模型,在解决资源约束或目标模糊性的生产或投资优化方面有较明显的优势。基于模糊线性规划的低碳土地利用结构优化具体过程如下:先设置决策变量,然后构建各约束条件和目标函数,利用单纯形法求解,获得不同置信度下的多个方案。

(1)决策变量

根据研究区低碳土地利用结构的调整方向,考虑与生态足迹中的六类生态生产性地类衔接的需要,选取耕地 X1、林地 X2、草地 X3、水域 X4、建设用地 X5、碳吸收用地 X6,碳吸收用地由林地、草地、水域湿地按土地多功能系数组合代替。

(2)目标函数

目标函数有两类情景:一类是碳蓄积最大化目标函数;另一类是碳排放最小化目标函数。

$$\begin{cases} F(x) = RX \rightarrow \min(\max) & (3-7) \\ s.t. \ MX \geq (\leq, \ =)N & (3-8) \\ \sum_{i=1}^{6} r \times y \times x_i = EC & (3-9) \end{cases}$$

式(3-7)为模型目标函数,R 表示各用地类型碳蓄积、碳排放系数,单位 t/ha;X 为决策变量,表示各用地类型面积,单位 ha。

(3)约束条件

约束条件包含两个方面:一是各决策变量取值范围,范围的确定主要考虑各地类现状面积、适宜性面积、上级规划下达指标等;二是沿用生态足迹预测结果,综合考虑研究区社会经济发展、人口增长对各地类的人均需求,即人均生态承载力的约束。

式(3-8)为约束条件,s.t. 表示模糊约束,M 表示约束系数,N 表示资源限制量。式(3-9)为约束条件,r、y 表示均衡因子和产量因子,x_i 表示各地类人均用地面积,EC 表示人均生态承载力。

3.2.1.2　结构优化方案比对

分别对碳蓄积最大化目标、碳排放最小化目标下构建的规划模型进行求解，判断是否有可行解、最优解。若没有可行解，则舍弃该情景下的方案；若有可行解，找出最优解作为该方案的解。将各方案最优解与土地利用总体规划进行对比，分析碳减排潜力；然后，基于低碳土地利用评价体系，测算各方案的低碳土地利用指数，从中选取低碳指数高的作为最优方案。

3.2.2　基于CLUE-S模型的空间优化

CLUE-S模型由土地政策与限制因素、土地利用类型转换规则、土地利用需求、空间特征四个输入模块和一个空间分配模块组成，实际上每一模块对应模拟过程的一个环节。模型模拟过程如下：

3.2.2.1　土地政策与限制约束因素输入

土地政策与限制因素输入包含两部分：区域性限制因素、政策性限制因素。区域性限制因素主要指，基本农田保护区、生态环境保护区、水源涵养地、自然保护区等。政策性限制因素主要考虑区域为保护某种土地利用类型所做的限制政策，如禁止围湖造田等。限制因素需要通过独立图层形式输入模块中，从而达到限制某地类变化方向或保持不变，最终达到影响土地利用格局变化的目的。

3.2.2.2　土地利用类型转换规则输入

土地利用类型转换规则，包括土地利用类型转移弹性和土地利用类型转移次序两部分。土地利用类型转移弹性受土地利用类型变化可逆性影响，用0~1表示，值越大表明转移弹性越小，该参数的设置需要根据研究区历年土地利用变化，结合经验，在模型检验过程中不断调试。土地利用类型转移次序通过设定各土地利用类型间转移矩阵来表达各土地利用类型间转移的可能性，0 表示不能转变，1 表示能转变，该参数决定了模型模拟结果中土地利用类型的变化情况。

3.2.2.3 土地利用需求输入

模型要求限定模拟过程中每种土地利用类型变化量，要求所有地类总变化量为 0，即区域总面积不变，该模块决定了模拟结果中各地类的面积。

3.2.2.4 空间特征输入

空间特征输入主要完成各土地利用类型在空间上的分布适宜性，通过定量分析影响土地利用空间分布的驱动因素，得到一系列概率值。具体操作如下：用 Logistic 回归方程计算每一栅格单元可能出现某种土地利用类型的概率，解释土地利用类型及驱动因素间的定量关系。计算公式如下：

$$\log\left\{\frac{P_{i,u}}{1 - P_{i,u}}\right\} = \beta_0 + \beta_1 X_1 + \beta_2 X_2 + \cdots + \beta_n X_n \qquad (3-10)$$

在式（3-10）中，i 表示土地利用栅格单元，u 表示土地利用类型，$P_{i,u}$ 表示栅格单元 i 可能出现某一土地利用类型 u 的概率，β 表示各影响因子回归系数，X 表示各驱动因子，n 表示驱动因子的数目。

回归方程拟合度检验，可以通过 ROC（relative operating characteristics）曲线。ROC 值介于 0.5~1 之间，值越大表明地类概率分布与实际一致性越强，回归方程越能解释地类空间分布，当 ROC > 0.70 时，可以认为驱动因子具有良好的解释能力。

3.2.2.5 空间布局优化

根据前面四个输入模块结果，依据总概率大小对土地利用需求进行多次迭代分配。具体操作如下：[①]

---

① 张永民，赵士洞，张克斌. 科尔沁沙地及其周围地区土地利用变化的时空动态模拟. 北京林业大学学报，2003，25（3）：68-73.

第一步，确定参与空间分配的栅格单元，转移弹性系数为1、转移矩阵中为0的不参与重新空间分配。

第二步，计算各土地利用类型在每个栅格单元上的总概率，公式如下：

$$TPROP_{i,u} = P_{i,u} + ELAS_u + ITER_u \qquad (3-11)$$

在式（3-11）中，$TPROP_{i,u}$ 表示土地利用类型 u 在 i 栅格单元上的总概率，$P_{i,u}$ 表示空间分布概率，$ELAS_u$ 表示土地利用类型 u 的转移弹性，$ITER_u$ 表示土地利用类型 u 的迭代变量。

第三步，对各土地利用类型赋予相同的迭代变量值，然后根据每一栅格单元各土地利用类型分布的总概率，按照从大到小对各栅格的土地利用变化进行初次分配。

第四步，比较各土地利用类型的初次分配面积和土地需求面积。若土地利用初次分配的面积小于需求面积，就增大 ITER 的值；反之，就减小 ITER 的值，重复进行第二步骤到第四步骤，进行土地利用变化的第二次分配，直至分配面积与需求面积一致。

3.2.2.6 空间格局优化验证

优化后的空间格局是否真正得到优化，需要进行定量评价。第一步，判断优化后空间格局是否与区域土地适宜性相匹配，匹配程度多高。第二步，符合适宜性评价结果后，判断优化后景观要素空间格局分配是否比现状更合理，更有利于生态效应发挥，为今后低碳土地利用发展路径选择提供依据。

（1）土地适宜性评价

土地适宜性是进行土地合理优化配置的基础。土地适宜性评价，是评估土地针对某种用途是否适宜以及适宜程度，通过将影响土地质量的自然因素和社会经济因素与土地用途所需条件进行比对，判断土地适宜用途及适宜性等级。将 CLUE-S 模型空间格局优化结果与耕地、建设用地土地适宜性评价结果进行对比分析，判断优化结果与上述两地类适宜性评价结果是否吻合，若吻合程度高则表明优化结果令人满意；若吻合程度低，则表明优化结果与实际脱轨，可操作性较差，需要查找原因、重新优化。

（2）景观格局分析

利用景观格局分析法，对优化后空间格局从景观格局指数、景观多样性、景观异质性等角度与景观要素现状空间格局进行对比，验证优化后空间格局是否朝着更有利于生态效应发挥的方向演化。

3.3　本章小结

本章主要集成了低碳土地利用评价、时空预测优化技术。首先，基于时空生态足迹模型构建低碳土地利用评价模型，采用加权求和法计算自然生态、社会经济、环境质量三个分指数和低碳土地利用指数，为区域土地利用低碳程度评价提供评价模型。其次，借助模糊线性规划法，以碳蓄积最大、碳排放最小为目标建立土地利用结构优化的目标函数，构成多情景下的模型，通过模型求解，找出最优解；基于低碳土地利用评价模型，测算各方案的低碳土地利用指数，选取最优方案。最后，采用 CLUE - S 模型优化土地利用空间布局，将最优方案的土地利用结构作为 CLUE - S 模型的土地需求，考虑其他约束因素、土地利用类型转换规则，按照土地需求完成空间布局优化；采用土地适宜性评价法和景观格局分析法对优化后的空间布局分别与各地类适宜性分布图、现状土地利用空间格局进行比对，分析优化后的空间格局是否适宜以及生态效应的变化情况，验证空间格局优化是否合理。

第 4 章

济南市土地利用变化碳排放估算

4.1 济南市概况

4.1.1 自然地理

济南市位于山东省中部，是山东省省会，泰山穿隆北麓，北临黄河，东邻淄博市、滨州市，南接泰安市、莱芜市，北连德州市，西与聊城市隔河相望。

济南市属于暖温带大陆性气候，春季干燥少雨，夏季炎热多雨，秋季天高气爽，冬季严寒干燥。年平均气温 13.5℃~15.5℃，全年无霜期 230 天左右，降水量 600～900 毫米。黄河、小清河流经济南市内，南北有大沙河、玉符河等河流。湖泊有大明湖、白云湖等。土壤类型在全市范围内由南到北、从高到低，依次分布着显域性土壤：棕壤、褐土，隐域性土壤：潮土、砂姜黑土、水稻土、风砂土六个土类，13 个亚类，27 个土属，72 个土种。

4.1.2 社会经济

济南市是著名的历史文化名城，因泉水众多，被誉为"泉城"。市辖历下区、市中区、槐荫区、天桥区、历城区、长清区、章丘市、平阴县、济阳县、商河县 6 区、1 市、3 县。2010 年，总人口 604 万人，人口密度为 739 人/平方公里，其中，市辖区人口 348 万人。2010 年，全市生产总值 3 910.80 亿元，其中，第一产业增加值为 215.17 亿元，第二产业增加值为 1 637.45 亿元，第三产业增加值为 2 058.18 亿元；三次产业增加值比例由 5.60∶42.91∶51.49 调整为 5.50∶41.87∶52.63。财政收入达到 1 145.1 亿元，固定资产投资 1 987.4 亿元。城市居民人均可支配收入 25 321.1 元，比 2009 年增长 11.4%；农民人均纯收入为 8 903.3 元，比 2009 年增长 14.3%。①

4.1.3 生态环境

2010 年，城市建成区面积 347 平方公里，城市绿化覆盖率 37.0%，人均公共绿地面积 11 平方米。能源领域固定资产投资 84.8 亿元，比 2009 年增长 56.2%。万元 GDP 能耗为 1.0417 吨标煤，比 2005 年降低 18.6%。②

---

①② 资料来源：《济南市统计年鉴》，中国统计出版社，2011 年。

4.2 数据来源及处理

4.2.1 空间数据

4.2.1.1 遥感数据

选取美国陆地卫星系列多光谱数据作为数据源，主要选用2000年、2005年、2010年 Landsat 5 TM 三期遥感影像数据。以2005年土地利用现状图为基准，将三期影像分别导入 Erdas Imagine 9 中，先进行影像质检、投影转换，然后采用多项式运算模型，选取合适的控制点进行几何纠正，并对纠正影像进行质量检查，确保相对误差小于30米，即1个像元。接下来，利用 RGB432 波段组合，采用目视解译和计算机自动分类的方法对影像进行解译；以行政区为单元对遥感影像进行切割拼接，得到研究范围矢量图，最后经过野外核查、室内更正，进一步提高解译精度，精度达到86%以上，能够满足研究需要。根据研究区特点和研究目的，本书将土地利用类型分为耕地、林地、草地、水域及湿地、城镇用地、农村居民点、交通水利及工矿用地和未利用地共八类用于土地利用/覆被变化分析。数据以 ARCGIS 的 COVERAGE 格式存储，碳排放核算过程中将城镇用地和农村居民点合并为居民点用地。生态足迹分析过程中将城镇用地、农村居民点、交通水利及工矿用地合并成建设用地，地类合并为六大类。

4.2.1.2 其他空间数据

济南市1∶10万土地利用现状图（2005年）、坡度图、河流图、土壤类型分布图、地质灾害分布图、自然保护区图、水源地保护区图、风景名胜区图、生态功能分区图、南部山区水源涵养区图、基本农田保护区图等。

4.2.2　非空间数据

4.2.2.1　土地数据

2000～2010 年，土地利用基础数据来源于济南市及各县市区土地变更调查数据，根据研究需要，与空间数据衔接并将地类进行归并。

4.2.2.2　社会经济统计数据

（1）统计年鉴、统计公报

主要包括山东省、济南市及各县市区统计年鉴（2001～2011年）、国民经济和社会发展统计公报。

（2）发展规划、评价

济南市土地利用总体规划（2006～2020 年）及专项规划、济南市建设用地节约集约利用评价、济南市六大工业区集约评价、济南市城市总体规划（2005～2020 年）、济南市国民经济和社会发展第十二个五年规划纲要、《济南市"十二五"时期土地资源保护与开发利用规划》《济南市"十二五"时期土地资源保护与开发利用规划环境影响评价》《济南市"十二五"污染减排工作要点》《济南市南部山区水源涵养重要生态功能区规划研究》《济南市环境质量报告书（2006～2010 年）》《济南市矿产资源总体规划（2006～2015 年）》《济南市地质灾害防治规划（2004～2020 年）》《济南市"十二五"节能减排综合性工作实施方案》。

4.2.2.3　实地调研数据

低碳土地利用指标体系及各指标权重、济南市低碳土地利用发展路径支撑数据，来源于座谈访问或实际调查等途径。通过调查，了

解济南市农用地利用过程中碳排放来源以及拟提对策在实践中的可操
作性；摸清济南市建设用地集约利用现状，初步掌握建设用地承载各
经济活动产生的碳排放情况，为各用地类型碳排放核算明细建立提供
基础数据；掌握济南市生态用地分布及特征，为碳足迹减压提供支撑。

4.3　济南市土地利用变化研究

4.3.1　土地利用景观要素时空转移变化

4.3.1.1　景观要素时间转移矩阵

基于 ARCGIS 对济南市三期土地利用遥感解译矢量图进行空间
统计分析，得到 2000～2010 年的土地利用转移矩阵和转移概率矩
阵，见表 4-1。2000～2010 年间，耕地变化活跃，主要流向农村居
民点、城镇用地、交通水利及工矿用地，转移面积分别为 16 042.14
公顷、13 161.77 公顷、13 155.84 公顷，转换的面积比例达到
3.08%、2.52%、2.52%。同时，部分未利用地、农村居民点、草
地转化为耕地。林地是整个研究时段内转移面积最小的景观类型，
主要流向耕地、草地，转移面积分别为 2 570.1 公顷、1 095.83 公
顷，转换的面积比例达到 2.77%、1.18%；同时，部分草地和耕地
转化为林地。草地主要流向林地、耕地，转换的面积比例达到
8.78%、7.32%；同时增加的来源主要是耕地和林地。水域主要
转化为耕地和林地，转换的面积比例达到 16.88%、1.72%；同
时，部分耕地转化为水域。城镇主要流向农村居民点、交通水利
及工矿用地、耕地，转换的面积比例达到 2.71%、2.5%、2.43%；
同时，部分农村居民点、工矿用地、耕地转化为城镇用地，景观类
型间相互转换明显，属于"热区"。农村居民点主要转移方向为耕

表 4－1 　济南市 2000～2010 年土地利用类型面积转移及转移概率矩阵

		1	2	3	4	5	6	7	8	2000年
1	A（公顷）	460 660.03	6 044.34	6 519.62	5 716.28	13 161.77	16 042.14	13 155.84	263.83	521 563.86
	B（%）	88.32	1.16	1.25	1.10	2.52	3.08	2.52	0.05	65.21
2	A（公顷）	2 570.10	87 332.11	1 095.83	448.61	597.81	226.28	472.32	47.43	92 790.49
	B（%）	2.77	94.12	1.18	0.48	0.64	0.24	0.51	0.05	11.60
3	A（公顷）	4 663.93	5 593.75	51 510.75	298.41	605.72	384.38	251.97	412.05	63 720.96
	B（%）	7.32	8.78	80.84	0.47	0.95	0.60	0.40	0.65	7.97
4	A（公顷）	3 462.38	353.75	241.10	15 939.38	262.84	51.38	120.55	83.99	20 515.37
	B（%）	16.88	1.72	1.18	77.69	1.28	0.25	0.59	0.41	2.56
5	A（公顷）	647.22	171.93	33.60	95.85	24 268.25	720.34	665.99	0.00	26 603.18
	B（%）	2.43	0.65	0.13	0.36	91.22	2.71	2.50	0.00	3.33
6	A（公顷）	12 198.35	319.16	494.06	134.38	2 058.26	46 484.18	1 132.39	88.93	62 909.71
	B（%）	19.39	0.51	0.79	0.21	3.27	73.89	1.80	0.14	7.87
7	A（公顷）	199.60	26.68	42.49	171.93	746.03	48.42	1 179.82	9.88	2 424.85
	B（%）	8.23	1.10	1.75	7.09	30.77	2.00	48.66	0.41	0.30
8	A（公顷）	6 316.07	235.17	197.62	93.87	0.00	657.10	126.48	1 696.60	9 322.92
	B（%）	67.75	2.52	2.12	1.01	0.00	7.05	1.36	18.20	1.17
2010年		490 717.69	100 076.89	60 135.07	22 898.72	41 700.68	64 614.22	17 105.36	2 602.71	799 851.34

注：A 代表初期土地利用类型面积；B 代表初期土地利用类型转化为末期土地利用类型面积；B 代表初期土地利用类型 i 转换为末期土地利用类型 j 的比例。

地、城镇用地，转换的面积比例达到 19.39%、3.27%。同时，部分耕地和城镇用地转化为农村居民点。交通水利及工矿用地，主要流向城镇用地、耕地，转换的面积比例达到 30.77%、8.23%。同时，部分耕地和农村居民点转化为交通水利及工矿用地。未利用地是所有土地类型中变化幅度最大的，转移方向主要是耕地、农村居民点、林地，转换面积比例分别是 67.75%、7.05%、2.52%。综上分析，无论是转出分析还是转入分析，耕地是转换频率最高的景观类型。林地、草地在农用地内部和未利用地间转换。城镇用地、农村居民点、交通水利及工矿用地三者内部间转换明显且与耕地频繁转换。未利用地主要流向耕地。

4.3.1.2　景观要素空间转移分析

为从空间上反映景观要素间的相互转化，基于 ARCGIS 的空间相交分析功能，分别统计 2000～2005 年、2005～2010 年、2000～2010 年景观要素变化图。本书重点分析耕地、建设用地、生态用地（林地、草地、水域及湿地）三种景观要素 2000～2010 年的空间变化特征。分析结果表明，景观要素变化主要集中在中部中心城区和南北部平原地区。究其原因，中部中心城区人口密集大、交通便利，随着城镇化的快速发展和全运会的召开，基础设施建设、公共设施配套、产业结构调整以及城市发展战略实施等人类活动导致土地利用景观要素发生显著变化。南北部平原地区是济南市的粮食主产区，景观要素变化亦明显，主要表现为耕地与草地、农村居民点之间的转换，这些地区受农业内部结构调整、退耕还林还草提高耕地质量、整理农村居民点补充耕地等人类活动干扰，变化明显。而中北部黄河沿岸、南部山区等区域景观要素变化不明显，此区域是济南市生态保护区，受人类干扰较小，保护力度较大，景观要素变化不明显。从各景观要素变化来看，耕地转移主要分布在中心城区以及南北部驻地镇周边，与建设用地增加空间分布图有较强的一致性。耕地增加空间分布图覆盖整个研究区，主要集中在南北部平原地区，与建设用地转移空间分布图有较强的相关性；生态用地转移主要分布在南部区域，增加主要体现在沿黄滩区和几个省级自然保护区等区域。

4.3.2　土地利用景观格局变化分析

由于定量描述景观特征的指数很多，并且大部分指数所指示的格局特征往往不全面，具有局限性且存在冗余。本书主要从景观和类型两个层次研究土地利用景观格局动态变化趋势，探寻格局变化引起的生态效应。因此，选用斑块个数、斑块面积、斑块平均面积、香农多样性指数、香农均匀度指数、优势度、蔓延度、分离度指数，其计算公式及生态意义，见表4－2。

表4－2　　　　　　　　　景观格局指数表达式及生态意义

景观格局指标		
指标	表达式	生态意义
斑块个数 （number of patches，NP）	$NP = n_i$	描述各类型斑块的个数
斑块面积 （area of patches，PA）	$PA = a_i$	斑块面积是景观格局最基本的空间特征，斑块大小影响景观中物种组成和多样性，反映景观异质性
平均斑块面积 （meanarea of patches，MPS）	$MPS = \dfrac{a_i}{n_i}$	
香农多样性 （shannon's diversity index，SDI）	$SDI = -\displaystyle\sum_{i=1}^{m}(p_i \ln p_i)$	表示斑块类型的多少及各类型在空间上分布的均匀程度

续表

景观格局指标		
指标	表达式	生态意义
香农均匀度 (shannon's evenness index, SEI)	$SEI = \dfrac{SDI}{\ln m}$	描述不同景观类型在其数目或面积方面的均匀程度
优势度 (dominance index, DI)	$DI = \ln m - SDI$	描述一种斑块或几种斑块在一个景观中的优势程度
蔓延度 (contagion, CON)	$CON = 1 + \dfrac{\displaystyle\sum_{i=1}^{m}\sum_{k=1}^{m}\left[\left(p_i \times \dfrac{g_{ik}}{\sum\limits_{k=1}^{m}g_{ik}}\right)\left(\ln(p_i) \times \dfrac{g_{ik}}{\sum\limits_{k=1}^{m}g_{ik}}\right)\right]}{2\ln m}$	反映景观不同斑块类型的聚集程度和延展程度。高蔓延度表明景观由连通性较好的某种优势斑块类型构成。反之,则表明景观由连接性较差的多种斑块类型组成
分离度 (splitting index, S)	$S = \dfrac{B}{A}$, $A = \dfrac{PA_i}{TA}$, $B = 0.5\sqrt{\dfrac{n_i}{TA}}$	描述斑块在空间上的分散程度越大表明该类型分布越分散

注: n_i 表示 i 类景观类型的斑块个数, a_i 表示 i 类景观类型的斑块总面积, p_i 表示各景观类型在总景观中所占的比例, m, k 表示景观类型数, g_{ik} 表示景观类型 i 和景观类型 k 之间相邻的格网单元数, L_i 表示 i 类景观类型的斑块周长, TA 表示景观类型的总面积。

4.3.2.1 景观结构及特征分析

针对全市景观而言,总斑块数从 2000 年的 4 573 个增加到 2010 年的 5 099 个,见表 4-3。其中,耕地、城镇和农村居民点的斑块数量和面积占绝对优势。景观斑块平均大小由 2000 年的 479 公顷降低到 2010 年的 428 公顷,景观破碎程度表现为持续增加的趋势。

表 4 - 3　　济南市 2000～2010 年景观结构分析

景观类型	2000 年				2005 年				2010 年			
	斑块总面积（公顷）	面积比重（%）	斑块数量（个）	平均斑块面积（公顷）	斑块总面积（公顷）	面积比重（%）	斑块数量（个）	平均斑块面积（公顷）	斑块总面积（公顷）	面积比重（%）	斑块数量（个）	平均斑块面积（公顷）
耕地	521 563.86	65.21	174.00	2 997.49	516 055.09	64.52	186.00	2 774.49	490 717.69	61.35	215.00	2 282.41
林地	92 790.49	11.60	618.00	150.15	96 411.95	12.05	603.00	159.89	100 076.89	12.51	621.00	161.15
草地	63 720.96	7.97	819.00	77.80	58 835.69	7.36	787.00	74.76	60 135.07	7.52	771.00	78.00
水域	20 515.37	2.56	159.00	129.03	22 780.14	2.85	272.00	83.75	22 898.72	2.86	325.00	70.46
城镇	26 603.18	3.33	71.00	374.69	26 899.62	3.36	68.00	395.58	41 700.68	5.21	59.00	706.79
农村居民点	62 909.71	7.87	2 474.00	25.43	63 649.81	7.96	2 694.00	23.63	64 614.22	8.08	2 787.00	23.18
交通水利及工矿	2 424.85	0.30	70.00	34.64	5 725.17	0.72	67.00	85.45	17 105.36	2.14	244.00	70.10
未利用地	9 322.92	1.17	188.00	49.59	9 493.87	1.19	175.00	54.25	2 602.71	0.33	77.00	33.80
总斑块数	799 851.34		4 573.00		799 851.34		4 852.00		799 851.34		5 099.00	
平均斑块大小	479				456				428			

从各景观类型层次来看，耕地、林地景观类型的斑块数在研究期间呈增加趋势，林地与耕地的斑块数变化较为剧烈，变化幅度在15%以上。2000～2010年间，林地和城乡居民点在景观面积增长的同时平均斑块面积也逐渐增大，表现为空间集中化趋势；未利用地在景观面积减少的同时斑块数增加，使得平均斑块面积逐渐减小。

4.3.2.2 景观多样性分析

从研究区2000～2010年景观尺度上的格局变化来看，见图4-1，多样性指数和均匀度指数有所增加，优势度由0.87降低为0.7。表明景观优势组成成分对景观整体的控制作用有所减弱，景观异质性程度在逐渐提高，土地利用向着多样化和均匀化方向发展，蔓延度指数的下降也验证了优势斑块类型连通性降低和斑块破碎化程度增大的趋势。

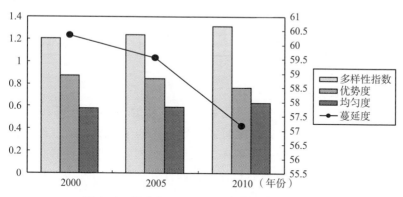

图4-1 济南市2000～2010年景观多样性分析

4.3.2.3 景观异质性变化分析

（1）景观分维数

从表4-4可以看出，在整个研究时段内，研究区各景观类型的分维数变化不大，只有水域、交通、未利用地变化的幅度较大，表明这些地类在研究期内斑块形状发生较大的变化。耕地的分维数变化较小，林地呈缓慢下降趋势，表明该景观斑块形状较为简单，并且趋向于进一步简单化。草地、水域、未利用地的分维数随时间略微下降。城镇、农村居民点、交通水利及工矿的分维数呈上升趋势，说明这些景观类型受人类活动影响加大。

表 4 – 4　　　　济南市 2000～2010 年各景观类型分维数

分维数	2000 年	2005 年	2010 年
耕地	1.4619	1.4633	1.4573
林地	1.4977	1.495	1.488
草地	1.5195	1.5094	1.5028
水域	1.4928	1.4815	1.4799
城镇	1.3363	1.3313	1.371
农村居民点	1.3553	1.3433	1.3602
交通水利及工矿	1.3851	1.3169	1.4114
未利用地	1.4777	1.4044	1.336

（2）景观分离度

整个研究期内，分离度指数由 2000 年的 7.36 上升到 2010 年的 12.54，呈上升趋势，说明区域景观趋向于分散，集中连片减弱。究其原因，主要是受到人类活动的强烈干扰使得自然状态被改变，导致其斑块空间不断分散和破碎化，相应的分离度指标都有所增加。

4.3.3　生态服务功能价值变化

通过土地利用转移时空变化和景观格局变化分析得知，济南市耕地景观和草地景观要素面积呈减少趋势，而林地、水域和建设用地景观要素面积呈增加趋势。景观要素间相互转换明显，尤其是耕地和建设用地是相互转换的"热区"。如何定量表达景观要素格局变化导致的生态效益变化？通过研究济南市整体生态服务功能价值变化来反映景观格局变化对区域产生的生态效应。

计算 2000 年、2005 年、2010 年济南市不同景观类型生态服务价值，见表 4 - 5。从表 4 - 5 分析可知，济南市生态服务价值主要由林地和耕地景观服务价值构成，价值比重约占总比重的 85% 以上。其中，耕地景观服务价值最高，约占 60%，其面积变化对区域生态服务价值变化起决定作用；之后，是林地、水域、草地、未利用地、建设用地。

表 4 - 5　济南市 2000 年、2005 年和 2010 年生态服务价值变化

景观类型	单位面积价值（元/ha）	2000 年		2005 年		2010 年	
		生态价值（亿元/年）	价值比例（%）	生态价值（亿元/年）	价值比例（%）	生态价值（亿元/年）	价值比例（%）
耕地	6 114.3	31.89	61.14	31.55	59.88	30.00	59.66
林地	13 667.2	12.68	24.31	13.18	25.01	13.68	27.20
草地	6 509.4	4.15	7.95	3.83	7.27	3.91	7.78
水域	40 676.4	8.34	16.00	9.27	17.59	9.31	18.52
建设用地	- 5 372.1	- 4.94	- 9.47	- 5.17	- 9.82	- 6.63	- 13.18
未利用地	371.4	0.03	0.07	0.04	0.07	0.01	0.02
合计		52.16		52.69		50.29	

从生态服务功能价值变化来看，2000 ~ 2005 年生态服务价值呈增加趋势，由 2000 年的 52.16 亿元增加到 2005 年的 52.69 亿元；2005 ~ 2010 年，生态服务价值呈减少趋势，由 2005 年的 52.69 亿元减少到 2010 年的 50.29 亿元，价值减幅较大，总的来说，济南市生态服务功能价值呈现先增后减的趋势。从各景观要素生态服务价值变化来看，耕地生态服务功能价值呈减少趋势，减幅年均为

0.19 亿元；林地、水域呈增加趋势，增幅分别为年均 0.1 亿元和 0.097 亿元；草地生态服务价值呈减少趋势，为 0.023 亿元；建设用地生态服务功能价值与整个区域生态服务功能价值呈负相关，且建设用地以年均 0.17 亿元的速度阻碍系统整体生态服务功能的发挥，导致区域整体生态功能价值的降低。总的来说，2000～2010年，济南市景观格局变化导致整个区域生态服务功能价值降低。究其原因，一方面，与耕地面积大量减少且破碎化分不开；另一方面，与建设用地规模大幅增加、空间集聚有关。

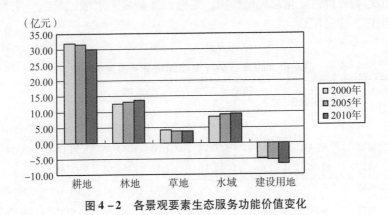

图 4－2　各景观要素生态服务功能价值变化

4.4　土地利用变化碳排放分析

4.4.1　2010 年土地利用净碳排放测算

4.4.1.1　土地利用碳蓄积

2010 年，济南市各土地利用类型碳蓄积量为 3 087.60 万吨。

分析各用地类型碳蓄积总量，耕地为1 678.25万吨碳，占总蓄积量的54.35%；之后，是林地为761.48万吨碳、居民点为277.99万吨碳、草地为232.48万吨碳、水域为93.88万吨碳、工矿及交通水利为39.34万吨碳、未利用地为4.16万吨碳，具体见图4-3。

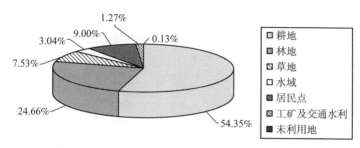

图4-3 济南市2010年各用地类型碳蓄积量结构

4.4.1.2 土地利用碳排放

2010年，济南市碳排放量为3 668.40万吨。从各用地类型间接碳排放量来看，居民点用地碳排放最多，约为3 339.9万吨，占91.04%。之后，是工矿及交通水利用地，占8.29%；林地碳排放约为19.9万吨，耕地碳排放和草地碳排放分别占总碳排放的0.09%、0.03%；水域和未利用地假定没有碳排放。从各用地类型单位用地碳排放来看，居民点单位用地碳排放强度最大，达到314.15t/ha。之后，是工矿及交通水利用地，达到177.96t/ha。分析济南市2010年碳蓄积和碳排放量，2010年济南市净碳排放580.79万吨，即土地利用系统向大气排放580.79万吨，见表4-6。

4.4.1.3 土地利用碳排放效应分析

单位GDP碳排放为0.9381吨/元，第一产业、第二产业、第三产业单位碳排放分别为0.1120吨/元、1.8385吨/元、0.0909吨/元，人均碳排放为6.0727吨，单位固定资产碳排放为1.8458吨；

碳排放弹性系数：人口碳排放弹性系数为 0.0221，经济碳排放弹性系数为 2.8119，建设用地碳排放弹性系数为 0.0446，固定资产投资弹性系数为 3.3083。

表 4-6　　　　　　济南市 2010 年土地利用碳排放结构

碳排放类型			碳蓄积/排放量（万吨）	占土地利用直接/间接碳排放比例
一级类	二级类	三级类		（%）
土地利用净碳排放			-580.79165	
土地利用碳蓄积	合计		3 087.60401	100.00
	土壤碳蓄积	耕地	1 678.25450	54.355
		林地	326.25066	10.566
		草地	128.68905	4.168
		水域	93.88475	3.041
		居民点	265.78725	8.608
		工矿及交通水利	39.34233	1.274
		未利用地	4.16352	0.135
	植被碳蓄积	林地	435.23439	14.096
		草地	103.79313	3.362
		绿地	12.20442	0.395
土地利用间接碳排放	合计		3 668.39566	100.000
	能源消费碳排放	小计	3 197.43252	87.162
		原煤	545.64000	14.874
		洗精煤	329.24875	8.975
		其他洗煤	41.96980	1.144
		型煤	0.00000	0.000
		焦炭	376.73648	10.270
		其他煤气（万立方米）	0.00000	0.000
		天然气（万立方米）	0.99309	0.027
		液化天然气（万立方米）	0.00838	0.000

碳排放类型			碳蓄积/排放量（万吨）	占土地利用直接/间接碳排放比例（%）
一级类	二级类	三级类		
土地利用间接碳排放	能源消费碳排放	原油	402.32495	10.967
		汽油	2.30107	0.063
		煤油	0.14220	0.004
		柴油	4.56558	0.124
		燃料油	18.13484	0.494
		液化石油气	2.90763	0.079
		炼厂干气	9.46394	0.258
		其他石油制品	23.17756	0.632
		热力	1 285.84156	35.052
		电力	150.24461	4.096
		其他燃料	3.72259	0.101
	工业产品	小计	304.40216	8.298
		钢铁	277.33358	7.560
		水泥	27.06857	0.738
	农林牧副渔	小计	24.09680	0.657
		农用机械总动力	0.05124	0.001
		尿素	3.15833	0.086
		薪柴	19.90332	0.543
		牛	0.96721	0.026
		猪	0.00871	0.000
		羊	0.00794	0.000
		家禽	0.00005	0.000
	废弃物	小计	142.46418	3.884
		垃圾填埋	5.47343	0.149
		生活废水	0.99220	0.027
		工业化学需氧量	135.99855	3.707

4.4.2 2000～2010 年土地利用变化直接碳排放测算

基于济南市 2000～2010 年土地利用变化分析结果和土地利用直接碳排放测算公式，计算 2000～2005 年、2005～2010 年土地利用变化直接碳排放量，结果见表 4 - 7。

表 4 - 7 　　济南市 2000～2005 年、2005～2010 年土地
利用变化直接碳排放量　　　　　单位：万吨

时间	土壤碳排放							植被碳排放			合计
	耕地	林地	草地	水域	居民点	工矿及交通水利	未利用地	林地植被	草地植被	绿地植被	
2000～2005 年	-269.4	-54.1	-12.9	25.7	15.7	168.5	24.9	-72.2	-10.4	3.5	-180.7
2005～2010 年	163.9	77.9	5.2	-16.0	26.3	-134.7	-35.7	103.9	4.2	4.8	199.9

2000～2005 年，因土地利用变化产生了直接碳排放 180.7 万吨；2005～2010 年，因土地利用结构调整，不但没有直接碳排放，而且增加碳蓄积 199.9 万吨。

4.4.3 2000～2010 年净碳排放量动态变化分析

4.4.3.1 碳蓄积

2000～2010 年，碳蓄积量增加 19.18 万吨碳，年均增加 1.9 万吨碳。从土壤和植被碳蓄积所占比例及变动来看，土壤碳蓄积呈下降趋势，由 2000 年的 2 551 万吨碳减少到 2010 年的 2 536 万吨碳。植被碳蓄积呈上升趋势，由 517 万吨增加到 551.23 万吨。从各地

类碳蓄积量变化来看，耕地碳蓄积占主导，但呈下降趋势，碳蓄积量从2000年的1 783万吨碳减少到2010年的1 678万吨碳；林地呈缓慢增加趋势，由302.5万吨碳增加到326.25万吨碳，年均增长率为77%；草地碳蓄积呈先下降、后缓慢增加趋势；水域呈现先增加、后下降趋势；居民点碳蓄积先呈增加趋势，由223.8增加到265.8万吨碳；工矿及交通用地碳蓄积呈先增加、后减少的趋势；未利用地的碳蓄积呈减少趋势，见图4-4。究其原因，碳蓄积的测算主要通过土壤和植被碳密度与地类面积相乘而得，碳蓄积变化受地类面积变化影响较大。随着城市化的进展，大量耕地被建设占用，导致耕地减少，耕地碳蓄积随之减少；林地面积增加，林地碳蓄积增加；居民点用地增加，10年间济南市城市绿地面积增加9km^2，这也是导致居民点用地碳蓄积增加的一个原因。

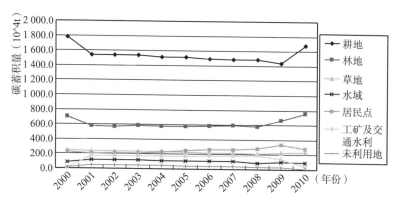

图4-4　济南市2000～2010年间各土地利用类型碳蓄积量动态变化

分析单位面积碳蓄积变化，居民点用地单位碳蓄积从2000年的25t/ha增加到26.15t/ha，主要归功于城市绿地覆盖率的提高。

4.4.3.2　碳排放

2000～2010年期间，济南市土地利用碳排放以年增长率

100.3％呈快速上涨趋势，增加 1 857.66 万吨碳，比 2000 年总碳排放还多，可见 10 年间碳排放增加之快。从各地类碳排放量分析，居民点、工矿及交通水利碳排放占总碳排放的 99％，其他地类碳排放仅占 1％，可见，建设用地是碳排放的主要来源。居民点碳排放从 1 218.49 万吨增加到 2 238.15 万吨，增长率达到 98.23％，且 2006 年达到峰值 2 176.83 万吨碳；工矿及交通水利碳排放从 584.43 万吨碳增加到 1 263.68 万吨碳，增长率达到 101.5％，也在 2006 年达到峰值 1 282.87 万吨碳；耕地碳排放增长率达到 79.3％，林地 94.2％，草地碳排放减少，具体见图 4 - 5。

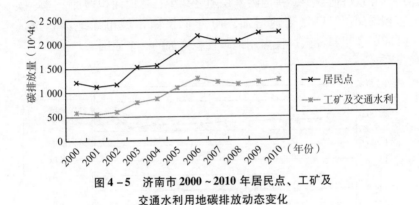

图 4 - 5　济南市 2000 ~ 2010 年居民点、工矿及
交通水利用地碳排放动态变化

注：耕地、林地、草地数据太小、无法在图中表文。

从碳排放来源分析，能源消耗碳排放占主导，比例在 84％ ~ 90％之间；之后，是工艺生产碳排放、废弃物处理碳排放、农林牧渔产业碳排放，见表 4 - 8。从四种碳排放来源变化来看，工艺生产碳排放增长最快，以 108％的速度从 98.08 万吨碳增加到 304.4 万吨碳；之后，是农林牧渔产业碳排放，以 107％的速度从 7.82 万吨碳增长到 24.1 万吨碳；废弃物处理碳排放增速相对较大，从 83.67 万吨碳增加到 142.46 万吨碳，增长速率为 97％；能源消耗碳排放增速为 99.7％，因其基数大，导致 2010 年末达到 3 197.43 万吨碳，占年度碳排放总量的约87%。

表4-8　　济南市2000～2010年土地利用净碳排放构成动态变化

年份	土地利用碳蓄积（万吨）		土地利用碳排放（万吨）				
	土壤碳蓄积	植被碳蓄积	能源消耗碳排放	工艺生产碳排放	废弃物处理碳排放	农林牧渔产业碳排放	净碳排放量
2000	2 551.00	517.43	1 621.17	98.08	79.89	7.82	1 261.46
2001	2 452.31	440.17	1 469.18	106.17	90.93	6.82	1 219.38
2002	2 452.67	440.13	1 526.58	146.20	92.01	7.05	1 120.96
2003	2 453.71	445.90	2 019.48	181.09	109.30	7.29	582.44
2004	2 447.28	440.65	2 050.51	248.83	110.54	7.05	471.00
2005	2 449.43	438.32	2 450.67	361.75	110.78	6.98	-42.43
2006	2 446.06	442.34	2 943.71	399.76	110.96	8.28	-574.31
2007	2 443.42	444.65	2 788.69	378.44	113.98	8.82	-401.86
2008	2 436.24	437.30	2 739.38	351.95	146.92	9.82	-374.52
2009	2 439.39	493.00	2 955.48	332.28	153.92	9.68	-518.96
2010	2 536.37	551.23	3 197.43	304.40	136.00	24.10	-574.33

4.4.3.3　净碳排放

综合土地利用碳排放和土地利用碳蓄积，见图4-6，济南市净碳排放在2005年出现转折，由之前的碳盈余转为碳亏损。2000年，碳盈余1 261.46万吨，到2005年开始碳亏损42.43万吨，之后碳排放呈快速增加趋势，至2010年亏损574.33万吨。究其原因，2005年济南市迈入城市化、工业化快速发展阶段，加上全运会各项准备工作的契机，使得济南市各产业、各经济活动活跃，能源消耗较多，随之碳排放快速增加，而土壤和植被碳蓄积变化不大，导致净碳排放量亏损。

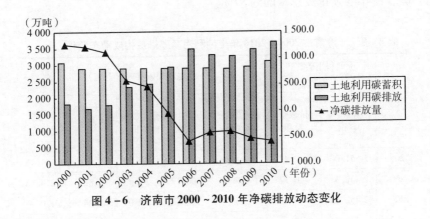

图 4 - 6　济南市 2000 ~ 2010 年净碳排放动态变化

4.4.4　2000 ~ 2010 年土地利用碳排放结构分析

4.4.4.1　碳蓄积结构

2010 年，在碳蓄积构成中，首先，土壤碳蓄积约 2 536.37 万吨，约占总碳蓄积量的 82.15%；植被碳蓄积 551.23 万吨，约占总蓄积量的 17.85%。从各种用地类型土壤碳蓄积量来看，首先，耕地土壤碳蓄积量所占比重最大，达到总蓄积量的 54.35%；其次，是林地、居民点用地土壤碳蓄积量，所占比重分别达到 10.57% 、8.61%；最后，是草地、水域、工矿及交通用地。从植被碳蓄积构成来看，首先，林地植被碳蓄积量最大，所占比重达到 14.10%；其次，是草地和城市绿地，具体见图 4 - 7。从碳蓄积结构历年动态变化来看，见图 4 - 8，仍以耕地碳蓄积为主，之后，是林地、居民点、草地、工矿及交通水利、水域用地。

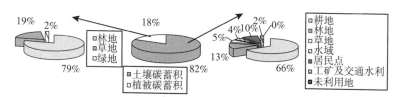

图 4 - 7　济南市 2010 年各种土地利用类型碳蓄积构成比例

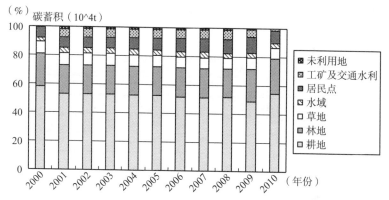

图 4 - 8　济南市 2000 ~ 2010 年各种土地利用类型碳蓄积构成比例动态

4.4.4.2　碳排放结构

2010 年，在碳排放构成中，见图 4 - 9，首先，能源消费碳排放最多，为 3 197.43 万吨，占总碳排放的 87.16% ；其次，是工业产品工艺生产过程碳排放，为 304.40 万吨，占总碳排放的 8.30% ；再次，是废弃物碳排放，为 142.46 万吨，占总碳排放的 3.88% ；最后，在农林牧副渔生产过程中碳排放量为 24.1 万吨，占总碳排放的 0.66% 。从碳排放结构历年动态变化来看，仍以能源消费碳排放为主，所占比例在 84% ~90% 之间，且呈上升趋势；在工艺生产过程中碳排放所占比例在 5.4% ~11.5% 之间，呈上升趋势；废弃物碳排放在 3.4% ~5.7% 之间，呈下降趋势；

农林牧副渔生产过程中碳排放量所占比例在 0.3% ~ 0.8% 之间，呈下降趋势。可见，在研究期内农业碳排放所占比例降低；废弃物碳排放所占比例下降，反映废弃物处理技术提高对降低碳排放的影响；而能源碳排放仍居高不下，这与济南市当前正处于工业化快速发展期，能源结构以煤炭消耗为主有关。因此，从碳减排角度来说，提高技术应用水平对碳减排有重要的影响；调整产业结构和能源结构，改革耗能产业，减少污染产业，对于降低碳排放有重要的关系。

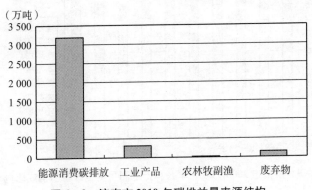

图 4-9 济南市 2010 年碳排放量来源结构

4.4.5 碳排放效应分析

4.4.5.1 碳排放强度

（1）单位用地碳蓄积强度

分析 2010 年济南市单位面积碳蓄积强度中林地最大，为 76.04t/ha；之后是水域，约 41t/ha；再后是草地、耕地、居民点，依次是 38.66t/ha、34.2t/ha、26.14t/ha，具体见图 4-10。土地碳蓄积量测算因采用碳密度与土地利用类型面积相乘而得，故除居民点用地外，其他地类单位用地碳蓄积强度变化不大。从居民点用地碳蓄积强度变化来看，呈增强趋势，由 25.43t/ha 增加到 26.14t/ha，得益于近几年济南市城市绿地面积增大。

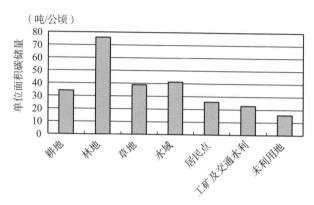

图 4 - 10 济南市 2010 年各土地利用类型单位面积碳蓄积强度

（2）单位用地碳排放强度

分析单位用地碳排放强度，见表 4 - 9，发现居民点单位碳排放强度在研究期间呈增加趋势，从 2000 年的 136 万吨/公顷增加到 2010 年的 210.52 万吨/公顷；耕地和林地碳排放强度都呈增加趋势；草地呈减少趋势；工矿及交通水利碳排放强度平均为 393 万吨/公顷，呈增长趋势。除草地外，其他地类碳排放强度都呈增加趋势，说明济南市居民在相同土地面积上，城市建设、产业经济活动增多，碳排放增加。一方面，说明土地集约利用率提高了，单位用地碳排放增多；另一方面，反映济南市目前仍处于高能耗、高碳排放阶段，甚至今后这种模式可能仍延续一段时间。因此，今后如何在保证经济的快速发展的同时降低能耗，减少碳排放；如何在集约利用土地的同时降低碳排放强度，成为影响减排的重要"瓶颈"因素。

表4-9   济南市 2000~2010 年各地类单位用地碳排放强度

单位：10^4t/ha

年份	耕地	林地	草地	居民点	工矿及交通水利
2000	0.0560	0.3782	0.2173	136.1247	2 410.1839
2001	0.0634	0.3299	0.2397	140.7541	72.6189
2002	0.0663	0.3316	0.2549	144.5229	79.9585
2003	0.0625	0.3739	0.2647	187.7345	103.6627
2004	0.0646	0.3354	0.2743	174.1869	114.1925
2005	0.0659	0.3642	0.2228	191.1736	144.9405
2006	0.0675	0.5405	0.2035	214.2733	165.8563
2007	0.0693	0.6352	0.1594	200.2528	152.5208
2008	0.0705	0.7640	0.1734	190.3618	143.0207
2009	0.0751	0.6375	0.1650	173.6561	204.8334
2010	0.0654	1.9888	0.1636	210.5211	738.7638

（3）碳排放压力

我们用碳排放压力表征人类在各地类上的经济活动产生的碳排放与该地类碳蓄积比值。压力值越大，表明该地类碳排放超过碳蓄积能力越远；当压力值为1时，说明该地类碳排放正好被该地类吸收；当压力值小于1时，说明该地类吸收碳排放后还有盈余碳吸收能力，即碳盈余；当压力值大于1时，说明该地类不能够吸收碳排放，有亏损，即碳亏损。2010年，各地类碳排放压力，见表4-10。碳排放压力超过1的地类有居民点用地和工矿及交通水利用地，也就是建设用地碳排放远远超过本身碳吸收能力，需要借助系统内其他地类碳吸收或排到大气系统造成温室气体增多，发挥碳源功能。水域和未利用地假定没有碳排放，发挥碳汇功能。耕地、林地、草地处于碳盈余状态，既有碳吸收又有碳排放，主要发挥碳汇功能。

表 4 - 10　　　　　　济南市 2010 年碳源、碳汇、碳排放压力

土地类型	碳汇	碳源	净碳排放	碳排放压力
耕地	1 678. 2545	3. 2096	1 675. 0449	0. 0019
林地	761. 4851	19. 9033	741. 5817	0. 0261
草地	232. 4822	0. 9839	231. 4983	0. 0042
水域	93. 8848	0. 0000	93. 8848	0. 0000
居民点	277. 9917	3 339. 8967	- 3 061. 9050	12. 0144
工矿及交通水利	39. 3423	1 263. 6822	- 1 224. 3398	32. 1202
未利用地	4. 1635	0. 0000	4. 1635	0. 0000

4. 4. 5. 2　碳排放与社会经济耦合分析

上述分析表明，城市化快速发展和工业化进程加快，导致济南市碳排放增多，单位用地碳排放强度增加，由碳盈余进入碳亏损状态。高能耗、高排放的发展模式、发展速度与区域经济发展之间是怎样的一种定量关系？碳排放与经济、社会发展是同步还是超前、滞后？下面，从人口、国内生产总值、用地等方面探讨碳排放与经济社会发展间的关系。

（1）碳排放与经济发展

研究期内，济南市单位 GDP 碳排放以年均 93% 的递减速度从2000 年的 1. 92 吨/万元下降到 2010 年的 0. 94 吨/万元，万元产值能耗降低，经济碳排放弹性系数为 3. 23，表明每增加 1 万吨碳排放，会引起 3. 32 万元 GDP 的增加，人类各经济活动在能源利用率方面提高，经济增长速度超过能源增长速度。具体分析第一产业、第二产业、第三产业产值与碳排放的关系，发现第二产业单位 GDP碳排放远高于第一产业和第三产业。第二产业单位 GDP 碳排放呈下降趋势，且第二产业经济碳排放系数为 3. 07，反映第二产业产值能耗降低，工业产值增加速度超过碳排放速度，但第二产业单位产值碳排放是第三产业单位碳排放的 20 倍（2010 年数据），因此今后产业结构调整，第二产业向第三产业转移是减排的重要方向。第一产业、第三产业单位 GDP 碳排放较小，均低于 0. 2 万吨/万元；

第一产业单位 GDP 碳排放除 2010 年外下降趋势明显，第二产业单位 GDP 碳排放 2005 年前下降明显，2007 年前有回升，之后处于下降趋势，总的趋势是下降，见图 4 - 11。但第一产业经济碳排放系数为 0.6，说明第一产业产值增加速度滞后于碳排放增长速度，反映农业生产过程中能源利用效率较低，能耗较高，碳排放较多，不利于碳减排目标的实现。今后可发展生态农业，降低碳排放，为区域低碳经济发展、碳减排目标的实现贡献一分力量。对比分析第一、第二、第三产业产值、单位 GDP 碳排放及经济碳排放弹性系数，发现第三产业产值对经济贡献最大，占市域国内生产总值的 46% ~ 52%，且单位 GDP 碳排放最小，经济碳排放弹性系数最高为 3.19；而第二产业对市域 GDP 的贡献仅次于第三产业，但单位 GDP 碳排放是第三产业的 20 倍；第一产业经济碳排放弹性系数小于 1，反映目前济南市产业结构以第三产业为主（不到 50%），第一、第二产业为辅，但第二产业耗能、碳排放却占据市域碳排放的 93%（2010 年数据），第一产业碳排放增加速度超过经济增加速度，第一、第二产业在对经济与碳排放贡献方面严重失衡。因此，今后济南市应加强产业结构调整力度，扭转经济发展与碳排放失衡局面，发展低碳产业。此外，提高第一、第二产业技术含量，降低碳排放，产业内部、产业之间均采取措施，双管齐下，力争改变当前产业发展存在的问题，降低碳排放。

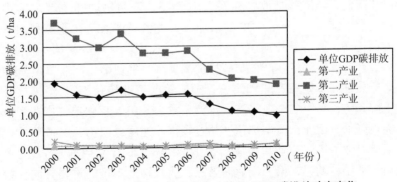

图 4 - 11　第一、第二、第三产业、单位 GDP 碳排放动态变化

（2）碳排放与人口、用地分析

济南市人均碳排放自 2000 年的 3.2 吨/人增加到 6.1 吨/人，年均增长率98%，人口增长滞后于碳排放增长；单位用地碳排放和建设用地地均碳排放均呈增长趋势，见表 4 – 11。2010 年建设用地地均碳排放达到 283 吨/公顷，是 2000 年的 1.45 倍，可见，研究区建设用地承担经济活动增多。建设用地碳排放弹性系数达到 2.75，建设用地碳排放增长速度超过建设用地增长速度，说明建设用地利用程度提高。如何在集约利用土地的同时降低碳排放，如何降低建设用地地均碳排放对影响碳减排有重要的作用。从用地角度来说，通过土地利用结构调整，布局优化，调整产业用地布局，统筹安排各类产业，使之集聚，减少工业生产各环节废弃物产生，使某种工业废弃物充分利用成为其他工业产品原材料；加强技术革新，降低工业产品生产过程中工艺流程中的碳排放；通过集聚，降低运输过程中能源消耗和碳的排放，从而达到通过用地优化配置减少碳排放的目的。

表 4 –11　　　　　单位用地碳排放、人均碳排放动态变化

年份	单位用地碳排放 （吨/公顷）	人均碳排放 （吨/人）	建设用地地均碳排放 （吨/公顷）
2000	22.6385	3.2182	196.1028
2001	20.9716	2.9480	107.6786
2002	22.2067	3.0890	113.2841
2003	29.0347	3.9865	147.1645
2004	30.2827	4.1048	146.6284
2005	36.6996	4.9134	170.7694
2006	43.3575	5.7479	193.3446
2007	41.1993	5.4482	179.4861
2008	40.6954	5.3893	170.0081
2009	43.2411	5.7332	183.5286
2010	45.8629	6.0727	283.7326

4.4.6 碳排放影响因素分析

碳排放影响因素较多，赵荣钦（2012）采用 LMDI 因素分解分析法对南京市碳排放影响因素进行贡献值和贡献率计算，发现人口因素和经济因素对碳排放贡献值较高，其中，经济因素对碳排放贡献值最大。STIRPAT（stochastic impacts by regression on population, affluence and technology）模型是在 IPAT 模型的基础上由 York 转变的一种随机模型，该模型通过对技术项的分解，解决了各类型人文驱动因素与环境间影响的分析。

模型表达式如下：

$$I = \alpha P^{\beta} A^{\gamma} T^{\delta} e \tag{4-1}$$

在式（4-1）中，I 表示环境影响，P 表示人口，A 表示富裕程度，T 表示技术，α 表示模型系数，β，γ，δ 表示 P，A，T 的人文驱动指数，e 表示残差项。为更明确地表示驱动因素对环境的影响，将公式转化为对数形式：

$$\ln^{I} = \ln^{\alpha} + \beta \ln^{P} + \gamma \ln^{A} + \delta \ln^{T} + \ln^{e} \tag{4-2}$$

在式（4-2）中，$\ln^{I}$ 作为因变量，α 作为常数项，$\ln^{P}$、$\ln^{A}$、$\ln^{T}$ 作为自变量，$\ln^{e}$ 作为残差项，简化为多元线性拟合。

基于 STIRPAT 模型，以碳排放量作为土地利用人类活动对环境影响的表征，即 I；人口、国内生产总值分别作为模型中的人口和富裕程度的表示；技术进步用万元 GDP 生态足迹表示（技术进步使得资源利用效率提高，单位 GDP 生态足迹减小）；β，γ，δ 作为人口、经济、技术对碳排放的影响系数。利用 2000~2010 年碳排放及相关指标测算结果，在 SPSS 中利用线性回归分析法对模型进行拟合。结果如下：

自变量 t 检验结果表明，因变量和自变量间线性相关关系显著，方差分析的 F 值为 302.06，p 值为 0，通过显著性检验。从回归分析结果可知，经济对碳排放解释作用最大，R2 值为 0.997，说明人口、经济、万元 GDP 生态足迹能解释对碳排放影响的 99.7%，而且系数在 0.01 显著水平上。

4.4.7   碳排放预测

为降低碳排放，经济增长不能过多地依赖能源消耗，即二者要逐渐脱钩。传统脱钩理论，以经济发展和环境影响的数量关系为研究对象，比如，以 GDP 代表经济发展状态，以碳排放量表示环境影响状态，当 $\Delta GDP > 0$、$\Delta CO_2 > 0$ 且 $\Delta GDP > \Delta CO_2$，则称相对脱钩；当 $\Delta GDP > 0$、$\Delta CO_2 < 0$，则称绝对脱钩，绝对脱钩阶段类同于环境库茨涅茨曲线（EKC）。相对脱钩阶段是实现绝对脱钩阶段的必要条件，但不是充分必要条件。脱钩评价预测能够在综合历史趋势分析的基础上，实现情景预测分析，因此，本书采用脱钩理论和方法，将其应用到土地利用碳排放预测上，通过技术革新、可再生能源利用等手段实现经济发展与碳排放从相对脱钩到绝对脱钩，从而摆脱能源依赖型的经济发展模式，实现碳排放降低甚至零增长。

4.4.7.1   脱钩指数测算

脱钩方法的应用，关键在于脱钩指标的选取和界限划分上，刘竹（2011）采用差值计算，设定了六种脱钩类型，用来评价城市低碳程度。庄贵阳（2007）采用比值法进行计算。本书采用经济碳排放系数作为脱钩指标值，利用经济碳排放弹性系数 R、ΔGDP、ΔCO_2 三个指标作为碳排放和 GDP 脱钩程度的判断标准，各脱钩类型划分标准及意义，见图 4 - 12、表 4 - 12。

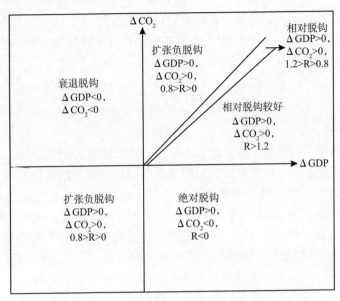

图 4 – 12　基于经济碳排放系数的脱钩类型划分

表 4 – 12　　　　　　　　　脱钩类型及意义

脱钩类型	意义
绝对脱钩	理想情景、经济增长、物质消耗和碳排放降低
相对脱钩较好	较理想情景、经济增长、碳排放增加、资源利用效率提高、经济增长超过碳排放增长
相对脱钩	一般情景、经济增长、碳排放增长、二者同时增长、资源利用效率未提高
扩张负脱钩	较消极情景、经济增长、碳排放增加、但经济增长慢于碳排放增长、资源消耗多、生态压力增加
衰退脱钩	消极情景、经济衰退、环境压力降低
负脱钩	最消极情景、经济衰退、环境压力增加

　　基于脱钩理论，计算济南市 2000～2010 年经济与碳排放脱钩

指数，见表4-13，发现济南市碳排放与经济发展进入相对脱钩较好状态，在个别年份出现绝对脱钩状态。

表4-13   济南市2000～2010年经济与碳排放脱钩指数

年份	ΔGDP	ΔCO_2	R	脱钩状态
2001	113.07	-133.32	-1.62653	绝对脱钩
2002	132.92	98.79	2.134809	相对脱钩较好
2003	162.03	546.15	0.44278	相对脱钩
2004	248.12	99.82	4.269207	相对脱钩较好
2005	276.33	513.27	0.814887	相对脱钩较好
2006	308.49	532.54	0.906138	相对脱钩较好
2007	377.72	-172.62	-3.4728	绝对脱钩
2008	454.61	-40.30	-14.5056	绝对脱钩
2009	323.49	203.62	1.713799	相对脱钩较好
2010	569.62	209.72	2.811871	相对脱钩较好

4.4.7.2 基础指标预测

（1）人口预测

根据2000～2010年济南市人口统计资料，2010年总人口数为604.08万人，历年人口自然增长率为3‰～4‰，机械增长率为10‰～15‰。人口预测采用逻辑斯蒂模型和人口自然增长法分别进行预测，前者预测2020年总人口数为845万人，后者预测结果为856万人，二者预测结果相差不大，取平均值850万人作为最终结果。

（2）GDP预测

2010年，济南市GDP为3910.53亿元，国民经济继续保持平稳、较快增长，根据济南市国民经济"十二五"发展规划，"十二五"期间全市生产总值按年均11%的速度增长，到2015年达到6589亿元；"十三五"期间，若经济增速放缓，全市生产总值按年均8%的速度增长，到2020年达到9 682亿元。

（3）固定资产投资预测

2010年，济南市固定资产投资1 987.4亿元，根据济南市国民经济"十二五"发展规划，"十二五"期间全市固定资产投资按年均15%的速度增长，到2015年达到3 997亿元，2020年达到8 040亿元。

4.4.7.3 不同情景模式下碳排放预测

基于脱钩理论，结合济南市碳排放与经济发展脱钩指数及未来节能减排目标，采用情景预测法，设置一般情景、惯性情景两种相对脱钩较好的状态、绝对脱钩状态共三种情景，对济南市2020年碳排放进行预测。

一般情景：按照济南市"十二五"时期节能减排综合性工作实施方案中的节能减排目标，2015年万元地区生产总值能耗比2010年降低17%，按照此速度，2020年预计降低34%，则2020年单位GDP碳排放达到0.646吨/万元。此时，碳排放量为6 256万吨，当经济碳排放弹性系数为2时，处于相对脱钩较好的状态。

惯性情景：2000～2010年，单位GDP碳排放年均递减率为6.3%，若碳排放与经济发展按此速度发展，2020年单位GDP碳排放达到0.48965吨/万元。此时碳排放量约为4 740万吨，当经济碳排放弹性系数为5时，处于相对脱钩较好的状态。

绝对脱钩情景：2020年，碳排放未增加，与2010年持平，保持3 668.4万吨水平，届时单位GDP碳排放达到0.3788吨/万元，经济碳排放弹性系数为0时，处于绝对脱钩的状态。

4.5　本章小结

本章采用RS技术获取土地利用景观要素数据，基于GIS进行土地利用空间变化分析，结合第2章的土地利用碳排放估算方法和碳排放效应测算指标，对济南市土地利用变化及土地利用变化碳排放进行测算，分析土地利用变化碳排放影响因素，预测2020年三种情景下碳排放，主要结论如下：

（1）2000～2010年，是济南市城镇化快速发展期，土地利用景观要素变化明显，主要表现为耕地面积减少，建设用地增加，生态用地略微增加；耕地主要转为建设用地和林地、草地，建设用地主要流向耕地且城镇、农村居民点、交通水利及工矿用地内部转换明显。景观要素变化明显区域集中在人口密集、产业集中的中心城区和南北部平原地区，南部山区和沿黄河滩区景观要素变化不明显。

（2）从景观结构及格局指数变化来看，2000～2010年，由于耕地优势景观类型比例的降低，对景观的控制作用减弱，导致多样性指数和均匀度上升，景观异质性程度也随之增大，土地利用向着多样化和均匀化方向发展。蔓延度指数的变化，则进一步反映了景观中连通性较好的优势斑块类型控制作用减弱和破碎化程度加大的趋势。由于人类活动干扰程度的加强，分离度呈上升趋势。从景观要素生态服务功能价值来看，生态服务功能价值呈先增后减趋势。耕地景观在生态价值发挥中占主导地位，但是耕地景观类型作为区域基质、主导景观类型，此类型的面积减少而斑块数量增加，导致平均斑块面积减小，不利于生态效应的发挥，在今后规划实施过程中应尽量避免占用分割耕地；林地景观类型有空间集聚的发展趋势，生态服务功能价值呈增长趋势；城镇、农村居民点先分散、后集聚，规模增加，阻碍生态功能价值的发挥，应严格控制建设用地规模，提倡使用存量建设用地，节约集约用地。

（3）2010年，济南市碳蓄积3 087.60万吨碳，碳排放3 668.40万吨碳，净碳排放 －589.79万吨碳。耕地碳蓄积最多，林地碳蓄积强度最大。居民点用地碳排放最多，约为3 339.9万吨碳，占91.04％，之后是工矿及交通水利用地；居民点单位用地碳排放强度最大，达到 314.15t/ha，之后是工矿及交通水利用地。2010年，在碳蓄积构成中，土壤碳蓄积占总碳蓄积量的 82.15%，植被蓄积占总蓄积量的 17.85%。其中，耕地土壤碳蓄积量所占比重最大，之后是林地、居民点用地土壤碳蓄积量；林地植被碳蓄积量最大，之后是草地和城市绿地。2010年，在碳排放构成中，能源消费碳排放最多，占总碳排放的 87.16%；之后是工业产品工艺生产过程碳排放、废弃物碳排放、农林牧副渔生产过程中的碳排放量。

（4）从碳蓄积历年动态变化看，碳蓄积增加，仍以耕地、林地碳蓄积为主。从碳排放的历年动态变化来看，碳排放逐年增加；从碳排放来源看，除废弃物碳排放下降外，其他三类碳排放呈上升趋势。济南市净碳排放在 2005 年出现转折，由之前的碳盈余转为碳亏损。分析其原因，2005 年济南市迈入城市化、工业化快速发展阶段，加上全运会各项准备工作的契机，使得济南市各产业、经济活动活跃，能源消耗较多，随之碳排放快速增加，而土壤和植被碳蓄积变化不大，导致净碳排放量亏损。

（5）从碳排放效应来看，单位用地碳排放强度除草地外皆呈增加趋势，说明济南市居民在相同土地面积上，城市建设、产业经济活动增多，碳排放增加。居民点用地和工矿及交通水利用地碳排放压力超过 1，需要借助系统内其他地类碳吸收或排到大气系统造成温室气体增多，发挥碳源功能；水域和未利用地发挥碳汇功能；耕地、林地、草地既有碳吸收又有碳排放，主要发挥碳汇功能。单位GDP 碳排放下降，万元产值能耗降低，人类各经济活动在能源利用率方面提高，经济增长速度超过能源增长速度。第三产业单位 GDP碳排放最小，经济碳排放弹性系数最高为 3.19；而第二产业对市域GDP 贡献仅次于第三产业，但单位 GDP 碳排放是第三产业的 20倍；第一产业经济碳排放弹性系数小于 1，今后济南市应加强产业结构调整力度，扭转经济发展与碳排放失衡局面，发展以第三产业为主的产业体系；人均碳排放、建设用地碳排放均呈增长趋势，且增长速度超过人口与建设用地增长速度，如何降低建设用地的地均碳排放、人均碳排放对碳减排目标的实现有重要影响。

（6）从碳排放影响因素分析来看，人口和经济是影响碳排放增长的主要因素。基于脱钩理论，济南市 2000~2010 年经济发展与碳排放处于相对脱钩状态，采用情景分析法，按照一般情景、惯性情景、绝对脱钩情景三种情景预测碳排放量，到 2020 年，济南市碳排放量将分别达到 6 256 万吨、4 740 万吨、3 668.4 万吨。

第 5 章

济南市生态足迹动态分析

5.1　2010 年生态足迹测算

5.1.1　均衡因子和产量因子测算

（1）均衡因子测算

基于均衡因子改进方法，根据 2010 年土地利用碳蓄积数据，测算济南市 2010 年均衡因子，结果见表 5 - 1。

表 5 - 1　　　　　　　　济南市 2010 年均衡因子

因子	耕地	林地	牧草地	水域	建设用地	碳吸收用地
均衡因子	0. 8860	1. 9711	1. 0015	1. 0621	0. 6661	1. 3449

（2）产量因子测算

产量因子测算采用"省公顷"，计算过程所需基础数据见表
5-2，汇总结果见表5-3。

表5-2 济南市产量因子测算基础数据

类型	单位热值（KJ/kg）	济南市各地类生产情况		山东省各地类生产情况		地类
		产量（万吨）	济南市总热量（10^6KJ）	产量（万吨）	山东省总热量（10^6KJ）	
小麦	16 138.98	126.32	20 386 760	2 058.5994	332 236 945	耕地
稻谷	15 934.16	6.45	1 027 753.3	106.3491	16 945 836	耕地
玉米	16 444.12	139.83	22 993 813	1 932.0723	317 712 288	耕地
谷子	15 800.4	2.36	372 889.44	5.3645	847 612.46	耕地
高粱	16 286.65	0.26	42 345.29	1.5505	252 524.51	耕地
其他粮食作物	15 800.4	0.04	6 320.16	0.2912	46 010.765	耕地
豆类	21 025.4	3.49	733 786.46	40.7676	8 571 551	耕地
薯类	5 709.88	10.7	610 957.16	189.3054	10 809 111	耕地
油料作物	25 857.48	5.88	1 520 419.8	342.1584	88 473 540	耕地
棉花	14 462.8	2.94	425 206.32	72.4133	10 472 991	耕地
蔬菜	1 463	601.44	8 799 067.2	9 030.7458	132 119 811	耕地
果用瓜	1 061.72	82.24	873 158.53	1 354.9347	14 385 613	耕地
苹果	2 382.702	24.74	589 480.47	837.9378	19 965 561	耕地
梨	2 060.74	2.54	52 342.796	122.738	2 529 311.1	耕地
葡萄	2 045.432	2.17	44 385.874	98.507	2 014 893.7	耕地
桃	2 152.7	8.69	187 069.63	240.1492	5 169 691.8	耕地
柿子	2 700.28	2.58	69 667.224	16.2118	437 763.99	耕地
其他果品	2 202.86	5.94	130 849.88	172.95	3 809 846.4	耕地
果品产量	12 310.1	56.8858	7 002 698.9	643.8695	79 260 979	林地
木材采伐量	12 310.1	382 256	4 705.6096	2 100 329	25 855.26	林地
猪肉	25 038.2	21.794	5 456 825.3	346.9	86 857 516	耕地
羊肉	13 731.3	5.8768	806 961.04	66.23	9 094 240	牧草地

类型	单位热值（KJ/kg）	济南市各地类生产情况		山东省各地类生产情况		地类
		产量（万吨）	济南市总热量（10^6KJ）	产量（万吨）	山东省总热量（10^6KJ）	
牛肉	13 731.3	2.0987	288 178.79	32.4864	4 460 805	牧草地
禽肉	6 863.56	7.9045	542 530.1	254.54	17 470 506	耕地
奶类	2 842.4	31.1971	886 746.37	278.95101	7 928 903.4	牧草地
禽蛋	8 790.54	36.0309	3 167 310.7	401.63613	35 305 984	耕地
捕捞	4 368.1	0.1587	6 932.1747	251.2437	10 974 576	水域
养殖	6 270	4.0977	256 925.79	413.4775	25 925 039	水域

表 5－3　　　　　济南市产量因子结果

地类	济南市总热量（10^6KJ）	济南市各地类总面积（亩）	山东省总热量（10^6KJ）	山东省各地类面积（亩）	产量因子
耕地	68 032 938.2	436 663.4933	1 102 187 296	7 515 300	1.0623
林地	7 007 404.475	87 195.0	79 286 834.58	1 372 846.6	1.3915
牧草地	1 981 886.202	59 029.4	21 483 948.43	514 760.18	0.8045
水域	263 857.9647	51 214.3	36 899 615.31	1 784 100	0.2491
建设用地					1.0623
碳吸收用地					0.8150

5.1.2　2010 年生态足迹测算

根据改进生态足迹的模型，济南市 2010 年的生态足迹计算主要包括两部分：一是资源的消费折算的生态生产性土地（主要指耕地足迹、林地足迹、草地足迹、水域足迹、建设用地足迹）；二是吸收碳排放所需生态生产性土地（主要指碳足迹）。资源的消费可以分为农产品、牧产品、林产品、水产品、热力电力产品等几大类，其数据来源于 2011 年《济南市统计年鉴》；碳足迹测算采用碳排放与区域碳吸收能力的比值，数据基于第 4 章的碳排放测算成果。济南市 2010 年生态足迹测算过程见表 5－4，结果见表 5－5。

表 5－4　　　　　　　　　2010 年生态足迹测算过程

足迹类型	资源消费类型	人均生态足迹（ha/人）	足迹类型	资源消费类型	人均生态足迹（ha/人）
耕地	小麦	0.0362	林地	果品产量	0.0628
	稻谷	0.0013		木材采伐量	0.0239
	玉米	0.0351		小计	0.0866
	谷子	0.0013	草地	猪肉	0.1463
	高粱	0.0001		牛肉	0.0884
	其他粮食作物	0.0000		羊肉	0.0316
	豆类	0.0024		禽肉	0.1190
	薯类	0.0023		奶类	0.0309
	油料作物	0.0023		禽蛋	0.0447
	棉花	0.0042		小计	0.4608
	蔬菜	0.0196	水域	捕捞	0.0091
	果用瓜	0.0029		养殖	0.2339
	苹果	0.0023		小计	0.2430
	梨	0.0002	建设用地	电力（万千瓦时）	0.0011
	葡萄	0.0002		热力（百万千焦）	0.0399
	桃	0.0008		小计	0.0410
	杏	0.0003	碳足迹	碳排放量（吨碳）	3 668.3957
	枣	0.0001		土地碳吸收能力（吨/公顷）	34.0000
	柿子	0.0002		小计	0.1786
	山楂	0.0001			
	其他果品	0.0000			
	小计	0.1120			

表5-5

2010年生态足迹账户

人均生态足迹

类型	需求面积（ha/人）	均衡因子	生态足迹（ha/人）
耕地	0.1120	0.8860	0.0991898
林地	0.0866	1.9711	0.1707617
草地	0.4608	1.0015	0.46153
水域	0.2430	1.0621	0.2580603
建设用地	0.0410	0.6661	0.0272766
碳足迹	0.1786	1.3449	0.2402133
总生态足迹			1.2570316

人均生态承载力

类型	供给面积（ha/人）	均衡因子	产量因子	生态空间（ha/人）
耕地	0.1392	0.8860	1.0623	0.1310262
林地	0.0178	1.9711	1.3915	0.0487858
草地	0.0107	1.0015	0.8045	0.0086112
水域	0.0041	1.0621	0.2491	0.0010768
建设用地	0.0293	0.6661	1.0623	0.0207648
碳吸收用地	0.0765	1.3449	0.815	0.0838807
总生态承载力				0.2941455
生态赤字				-0.962886

注：供给面积考虑土地多功能系数，具体设置为：耕地以复种指数为基础，多功能系数为1.7138；林地、草地、水域主功能系数均为1；建设用地分城镇用地和农村居民点，工矿及交通水利两类，前者系数为2，后者系数为1，考虑区域容积率；碳吸收用地考虑林地污染吸纳系数0.5，草地为1.485，水域为14.103，即用三大类土地面积分别乘以碳吸收系数作为碳吸收用地面积。

2010 年，人均生态足迹为 1.2570 公顷，人均承载力为 0.2941 公顷，人均生态足迹大于人均生态承载力，生态赤字为 0.9629 公顷，生态压力为 3.27。

5.1.3 生态足迹结构分析

在生态足迹需求结构中，草地足迹最大，约占总足迹的 36%；其后是水域足迹，占 21%；碳足迹占 19%，比例最小的为建设用地足迹，仅占 2%，见图 5－1。然而，在生态承载力结构中，耕地承载力最大为 45%，水域和草地承载力较小，分别为 0.36%、2.93%，远远低于对应足迹的比例。从足迹和承载力对比分析图分析，见图 5－2，只有耕地的承载力大于耕地生态足迹，有盈余，其他类型均处于赤字中，从而导致总生态赤字的产生。从产生赤字的生态足迹类型分析，水域、草地压力较大，压力值分别达到 52、238，碳足迹压力值为 1.86。因此，要想降低生态赤字，应从导致赤字产生的主要生态足迹入手，即水域足迹、林地足迹、碳足迹：一方面，调整土地利用结构；另一方面，引导人们的消费模式，改变高蛋白、高脂肪的饮食习惯和高耗能的生产方式、生活方式，从而降低生态赤字，减小生态压力。

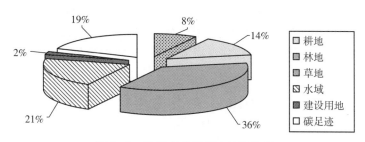

图 5－1 2010 年生态足迹结构分析

（公顷）

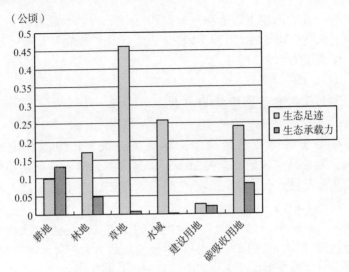

图 5 – 2　2010 年生态足迹、生态承载力对比分析

5.1.4　社会经济环境耦合指标结果分析

2010 年，表征生态足迹的社会经济指标如下：万元 GDP 生态足迹为 0.1942 公顷/万元，生态足迹多样性指数为 1.3815，发展能力为 1.7365，经济足迹弹性系数为 20.9309，人口足迹弹性系数为 0.1648。表征土地环境特征的能耗指数：碳足迹为 0.2402 公顷，碳压力为 1.8637；碳排放与承载力耦合的强度指数：单位承载力碳排放为 20.6554 吨，单位建设用地承载力碳排放为 54.9785 吨。

5.2　2010 年生态足迹空间变化

基于 GIS 空间查询、分析和专题图制作功能，采用自然分等法，将生态足迹和生态压力按照由小到大的顺序划分为四个等级。人均生态承载力从图斑尺度和县级行政区尺度分别进行空间分析。

5.2.1　生态承载力

（1）图斑尺度

基于 2010 年遥感解译图，以图斑为基础，对各土地利用类型进行产量因子和均衡因子赋值，并与图斑面积相乘计算图斑尺度生态承载力。按照生态承载力大小分为四级，北部平原区和东部地区生态承载力最大；中部建成区生态承载力次之；南部山区生态承载力较小，位列第三等级；第四等级穿插在南部地区和中部地区。

（2）县级行政区尺度

将图斑尺度生态承载力与县级行政区图套合，汇总各县级行政区各地类、总承载力，并与人口数相除，形成县级行政区尺度人均生态承载力空间分布图。从人均生态承载力的空间分布图可以看出，历下区、市中区、槐荫区、天桥区承载力最小，历城区、章丘市位居第二等级，平阴县、商河县属于第三等级，长清区和济阳县承载力最大。

从图斑尺度和行政区尺度承载力空间分析来看，济阳、章丘等县市区人均生态承载力较小，而平阴县人均承载力较高，进一步印证了人均承载力既受区域生态承载力大小影响，又受人口数量影响。

5.2.2　人均生态足迹

从人均生态足迹的空间分布看，历下区、市中区、槐荫区、天桥区生态足迹最小，之后是历城区和长清区，章丘市位居第三等级，平阴县、商河县、济阳县足迹最大。

5.2.3　人均生态压力

从人均生态压力空间分布来看，长清区生态压力最小；之后是市中区、天桥区、历城区；槐荫区、商河县、平阴县、济阳县生态压力较大；历下区、章丘市生态压力最大。

5.3 2000～2010年生态足迹动态变化

5.3.1 人均生态足迹动态变化

济南市人均生态足迹由2000年的0.9849公顷增长到2006年的1.3311公顷；2007年减小到1.1596公顷，之后以年均2.7%的速度增长到2010年的1.2570公顷。分析2000～2010年生态足迹的动态变化，见图5-3，可以发现，生态足迹以2006年为分界点，2000～2006年生态足迹以年均5.1%的增长率增长，到2006年达到峰值；2007～2010年，以低于前一阶段的速率继续增长。究其原因，在"十五"期间，作为省会城市，济南市进入城市化、工业化快速发展初期，各行业对资源需求加大，同时产生大量碳排放，导致碳足迹增加，见图5-4。而到了"十一五"期间，城市化进入快速发展中期，人们意识到城市发展不能以过度消耗资源和高能耗、高污染、高排放经济模式为发展代价，对资源的消耗由之前粗放利用到逐步集约利用，提高效率，因此"十一五"期间生态足迹增长放慢了速度，增长率降低；在资源利用效率提高的同时，加强对产业结构调整，使济南市经济结构由以第二产业为主，逐步过渡到以第三产业为主，碳足迹增长速率降低，使得人均总生态足迹增长速率降到2.7%。

济南市人均生态承载力总体呈增长趋势，但在2005年出现此时间段内的低谷值，达到人均0.2579公顷；之后，由2006年的0.2781公顷增加到2010年的0.2941公顷。分析其原因如下：在"十五"期间，人均生态承载力呈缓慢增加，以年均

1.89%的速率增长。2004年10月，山东省政府向国家体育总局递交申办第十一届全运会的报告，2005年2月，申办报告得到正式批准。为促进全运会的顺利召开，济南市进行各场馆、道路建设，这些建设无疑在一定程度上加快了土地利用变化（建设用地增加，耕地减少），使得人均生态承载力当年出现降低。"十一五"期间，国家加强对耕地保有量、耕地占补平衡的控制，并将其作为约束性指标下达，这一时间段内济南市耕地保有量得到控制；加上"和谐全运"的号召，市域在城市绿化、植树造林方面做了较多工作，使得济南市耕地、林地承载力呈增加趋势，人均总承载力得到缓慢增加。

在2006年，济南市人均生态压力达到最大值，约为3.79，2007年降低到3.17。2000~2006年年均增长速率为4.3%，2007~2010年年均增长速率为1.08%，到2010年年均增长率达到3.27，表现出"十一五"期间生态压力小于"十五"期间的状况。反映在城市化快速发展的背景下，人们在资源利用、产业发展等各方面都有所改善，人地关系朝着可持续方向发展。

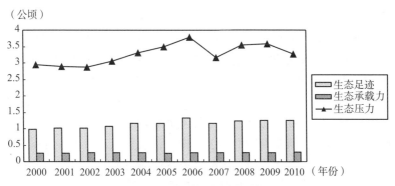

图5-3 济南市2000~2010年人均生态足迹、
生态承载力、生态压力动态变化

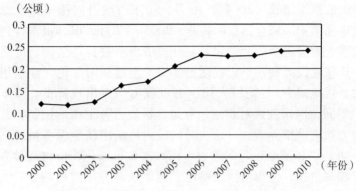

（公顷）

图5－4　济南市2000～2010年人均碳足迹动态变化

5.3.2　人均生态足迹结构分析

（1）人均生态足迹结构

分析济南市2000～2010年人均生态足迹结构，见图5－5，可以看出，人均碳足迹所占比例增加趋势明显，由2000年的12%（碳足迹占总足迹比例）增加到2010年的19%，反映人们对能源消耗、废弃物排放增多；人均林地足迹亦呈增加趋势，由期初的人均0.098公顷增加到0.171公顷，反映人们对木材使用、林产品需求量的增加。人均建设用地足迹递减趋势明显，由期初的0.058公顷下降到2010年的0.027公顷；人均耕地生态足迹降低，由2000年的9%减少到2010年的7.89%；水域生态足迹和草地生态足迹变化不大，但二者仍为整个生态足迹贡献较大者，这与人们的消费模式息息相关。随着人们生活水平提高，饮食以荤为主，对粮食需求量减少，而肉、蛋、奶、水产品消费量居高不下，导致草地足迹和水域足迹在整个足迹中所占比例仍然占主导地位。

（2）人均承载力结构

济南市人均承载力以耕地承载力、碳吸收用地承载力和林地承载力承载力为主，见图5－6。其中，耕地承载力约占总承载力的一

半，但在研究期内，耕地承载力呈下降趋势，从 2000 年的 54.36%
下降到 2010 年的 44.54%，主要与建设占耕和退耕还林还草有关；
林地、水域、建设用地承载力呈增长趋势。人均林地承载力从 2000
年的 0.036 公顷增加到 2010 年的 0.049 公顷；水域承载力由 2000
年的 0.07% 增加到 2010 年的 0.36%，水域承载力所占比例微乎其
微，其变动对人均总承载力影响不大；建设用地承载力增长趋势明
显，其所占比例由 2010 年的 5.12% 增加到 2010 年的 7.06%，这与
城市化快速发展、城市规模扩大、农村建设用地不减反增分不开。
碳吸收用地呈增加趋势，主要与林地、草地、水域面积增加有关。

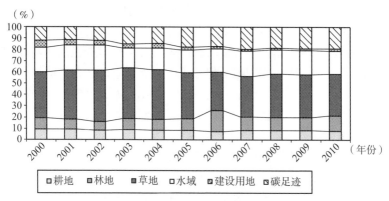

图 5 - 5　济南市 2000～2010 年人均生态足迹结构动态变化

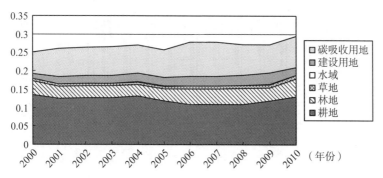

图 5 - 6　济南市 2000～2010 年人均生态承载力结构动态变化

（3）人均生态赤字结构

从图 5 - 7 中可以看出，耕地处于生态盈余状态，其余大都处于生态赤字状态，且以草地和水域赤字最大。林地、草地、水域、碳吸收用地人均生态赤字均呈增加趋势，年均增长率分别为 6.9%、1.4%、1.6%、9.94%。碳吸收用地赤字增加趋势最明显，由 2000 年的 0.061 公顷增加到 2010 年的 0.156 公顷；之后是林地、水域、草地。综合分析，耕地承载力和耕地足迹都处于递减状态，由于耕地基数大，使得耕地仍处于生态盈余状态，但应引起警惕，防止耕地持续减少从而造成耕地盈余状态消失。而林地承载力增加的速率低于林地足迹增加的速率，使得林地生态赤字呈增加趋势；草地和水域承载力尽管呈增加趋势，但由于其生态足迹较大，不足以弥补其差额，从而使得草地和水域生态赤字持续增加；碳足迹增加速率超过碳吸收用地增加速率，使得碳吸收用地不但处于生态赤字中，且赤字增加明显，速率处于各足迹之首，如果不调整产业结构，改变经济增长模式，继续依赖资源消耗、低技术、高投入、高能耗的发展模式，碳吸收用地赤字的增加将会加重人均总生态赤字的分量，导致区域生态环境恶化，不利于低碳经济发展，不利于和谐社会的建设。因此，从生态足迹和生态承载力、生态赤字动态变化来看，碳足迹的增加和耕地承载力的减少将会对生态赤字的变化产生重要的影响。

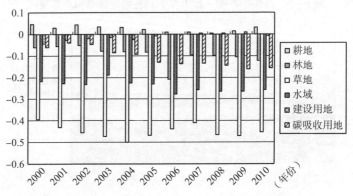

图 5 - 7　济南市 2000 ~ 2010 年人均生态赤字结构动态变化

5.4　2000～2010年生态足迹社会经济分析

2000～2010年，济南市万元GDP生态足迹呈下降趋势，表明万元GDP所占生态足迹减小，产值效益提高。生态足迹多样性指数呈上升趋势，表明济南市生态生产性土地朝着多样化、均匀化趋势发展；发展能力指标呈上升趋势，反映济南市发展能力增强；经济足迹弹性系数大于1，且呈增长趋势，说明经济增长速率超过足迹增长速率，且经济增长速率以快于生态足迹增长速率发展，反映经济增长不再完全依赖资源消耗，科学技术水平的发展在一定程度上促进了经济的快速发展。人口足迹弹性系数小于1，人口增长慢于足迹增长，反映人类对自然资源消耗和对环境的影响快于人口增长。

通过生态足迹与社会经济耦合指标分析，见表5-6，发现济南市万元GDP所占足迹减少，而且经济增长速度超过足迹增长速度，发展能力较强，产值效益明显提高；但生态足迹增长超过人口增长，导致济南市人均足迹较大，生态压力较大，今后应采取措施控制或降低人均生态足迹，达到减少生态压力的目的。

表5-6　　　　　济南市生态足迹与社会经济耦合指标

年份	万元GDP生态足迹	生态足迹多样性指数	发展能力	经济足迹弹性系数	人口足迹弹性系数
2000	0.5869	1.3437	1.3234		
2001	0.5478	1.3796	1.4043	2.6509	0.2498
2002	0.4956	1.3799	1.4156	6.8208	0.5730
2003	0.462	1.3828	1.4829	2.3050	0.2223
2004	0.4286	1.3879	1.6131	1.8758	0.1320
2005	0.3688	1.3926	1.6133	18.7963	1.3577
2006	0.3675	1.3973	1.8599	1.0250	0.0617

年份	万元GDP 生态足迹	生态足迹 多样性指数	发展 能力	经济足迹 弹性系数	人口足迹 弹性系数
2007	0.2737	1.3999	1.6234	1.3650	0.0196
2008	0.2475	1.4144	1.749	2.7366	0.0219
2009	0.2255	1.4223	1.7757	12.6169	0.1403
2010	0.1942	1.3815	1.7365	20.9309	0.1648

5.5 生态足迹预测

5.5.1 生态足迹需求预测

（1）耕地生态足迹预测

耕地生态足迹预测是通过预测其足迹来源——粮食的消费量来完成的。对于粮食产量、消费量的预测，前人多采用灰色动态模型（晏路明，2000）、灰色马尔柯夫链（贺福利等，2003）、遗传神经网络（徐进等，2001）、多元非线性回归（史欣欣等，1998），实践证明GM（1，1）灰色预测模型对粮食产量和消费量预测结果相对比较准确，因此，本书采用GM（1，1）灰色预测模型对粮食消费量进行预测（邓聚龙，1986）。为进一步提高模型的精度，通过对GM（1，1）模型的改善，采用新陈代谢GM（1，1）模型群进行预测，时间序列从1990~2010年，微分方程及预测模型如下，预测结果值与实际值相对误差较小，平均值为7%。

微分方程：$\dfrac{dx^{(1)}(t)}{dt} + (-0.0364196) \times x_1(t) = 202.5077$

方程解：$x_1(t) = 5\,800.676\,e^{0.0364196t} - 5\,560.406$

预测模型为：$x_0(t) = 207.4576\,e^{0.0364196(t-1)}$ （x为粮食消费量，t为时间）

后验差比值0.4742，小误差概率0.8181，相对误差平均值为4%。

根据改进的GM（1，1）灰色预测模型群，2015年，济南市粮食消费达到358万吨，2020年，济南市粮食消费达到430万吨。利用上述生态足迹模型，计算得出2020年人均耕地足迹为0.184359ha，见表5－7。

表5－7　　　　济南市2015年、2020年粮食消费预测

年份	统计值（万吨）	模型值（万吨）	相对误差（%）
2000	240.27	240	－0.11
2001	239.08	215	－10.07
2002	189.86	223	17.45
2003	220.56	231	4.73
2004	242.74	240	－1.13
2005	260.11	249	－4.27
2006	267.91	258	－3.70
2007	268.01	268	0.00
2008	281.5	278	－1.24
2009	289.47	288	－0.51
2010	289.43	299	3.31
2015	—	358	—
2020	—	430	—

注：—表示数据缺失。

（2）林地生态足迹预测

林地生态足迹预测通过预测其生态足迹来源——果品的消费量来完成。果品预测采用SPSS软件中的指数非线性回归模型。

指数预测方程：

$$y = 4.037 \times e^{0.015x} \quad （y为果品消费量，x为时间）$$

表5-8　　　　　　　济南市2015年、2020年果品消费预测

年份	统计值（吨）	模型值（吨）	相对误差（%）
2000	381 915	338 669.8	11.32
2001	332 056	358 472.5	-7.96
2002	310 650	379 433.1	-22.14
2003	427 573	401 619.3	6.07
2004	445 378	425 102.7	4.55
2005	465 067	449 959.3	3.25
2006	472 703	476 269.3	-0.75
2007	539 844	504 117.7	6.62
2008	547 694	533 594.4	2.57
2009	551 827	564 794.7	-2.35
2010	568 858	597 819.3	-5.09
2015	—	794 267.2	
2020	—	1 055 269	—

注：—表示数据缺失。

　　预测结果值与实际值相对误差较小，平均值为0.36%，决定系数为0.788。根据指数预测模型，到2015年济南市果品消费达到794 267.2吨，2020年，达到1 055 269吨。利用上述的生态足迹模型，计算得出2020年人均林地足迹为0.1232866ha。

　　（3）草地生态足迹预测

　　草地生态足迹预测通过预测其生态足迹来源——肉类、禽蛋、奶类的消费量来完成。肉类、禽蛋、奶类预测采用SPSS中的非线性回归模型。

　　肉类消费量采用指数预测方程：

$$y = 1.483 \times e^{0.057x}　　（y为肉类消费量，x为时间）$$

　　预测结果值与实际值相对误差较小，平均值为0.22%，决定系数为0.908，F=42.11，Sig.=0，预测方程通过检验。根据指数预测模型，到2015年肉类消费达到407 650吨，2020年为439 092.5吨。

表 5 - 9　　　　　　　济南市 2015 年、2020 年肉类消费预测

年份	统计值（吨）	模型值（吨）	相对误差（%）
2000	303 801	326 198.4	-7.37
2001	317 757	331 082	-4.19
2002	339 170	336 038.7	0.92
2003	355 879	341 069.6	4.16
2004	381 117	346 175.8	9.17
2005	374 368	351 358.5	6.15
2006	383 489	356 618.7	7.01
2007	314 149	361 957.7	-15.22
2008	358 373	367 376.6	-2.51
2009	372 587	372 876.7	-0.08
2010	376 740	378 459.1	-0.46
2015	—	407 650	—
2020	—	439 092.5	—

注：—表示数据缺失。

蛋类消费量采用线性回归预测方程：

$$y = 26\,633.26x - 5.320 \quad （y\ 为蛋类消费量，x\ 为时间）$$

表 5 - 10　　　　　　济南市 2020 年蛋类消费预测

年份	统计值（吨）	模型值（吨）	相对误差（%）
2000	70 859	62 196.14	12.23
2001	76 401	88 829.4	-16.27
2002	101 183	115 462.7	-14.11
2003	141 465	142 095.9	-0.45
2004	180 623	168 729.2	6.58
2005	196 070	195 362.5	0.36
2006	229 054	221 995.7	3.08
2007	257 641	248 629	3.50

年份	统计值（吨）	模型值（吨）	相对误差（%）
2008	282 411	275 262.2	2.53
2009	301 309	301 895.5	-0.19
2010	311 971	328 528.8	-5.31
2015	—	461 695.1	—
2020	—	594 861.4	—

注：—表示数据缺失。

预测结果值与实际值相对误差较小，平均值为 0.73%，二者相关系数为 0.993，F = 680.183，Sig. = 0，预测方程通过检验。根据一元一次方程预测模型，到 2020 年济南市蛋类消费达到 594 861.4 吨。

奶类消费量采用复合模型：

$$y = 1.163 \times 0.976^x \quad （y 为奶类消费量，x 为时间）$$

预测结果值与实际值相对误差较小，平均值为 0.24%，决定系数为 0.744，F = 11.144，Sig. = 0.009，预测方程通过检验。根据指数预测模型，到 2015 年奶类消费达到 321 533.4 吨，2020 年为 284 270 吨。利用生态足迹模型，计算得出 2020 年人均草地足迹为 0.397191ha。

表 5 – 11　　　　　济南市 2020 年奶类消费预测

年份	统计值（吨）	模型值（吨）	相对误差（%）
2000	416 140	465 276.6	-11.80771
2001	430 241	453 954.4	-5.511653
2002	451 426	442 907.7	1.8869808
2003	468 690	432 129.8	7.8005117
2004	489 516	421 614.2	13.87122
2005	414 325	411 354.4	0.717925
2006	416 309	401 344.4	3.5945987

续表

年份	统计值（吨）	模型值（吨）	相对误差（%）
2007	391 269	391 577.9	−0.078944
2008	352 691	382 049.1	−8.32402
2009	358 824	372 752.1	−3.881605
2010	360 309	363 681.4	−0.935982
2015	—	321 533.4	—
2020	—	284 270	—

注：一表示数据缺失。

（4）水域生态足迹预测

水域生态足迹预测通过预测其生态足迹来源——水产品的消费量来完成。水产品预测采用 SPSS 中的非线性回归模型。

水产品消费采用复合模型：

$$y = 1.846 \times 1.032^x \quad （y \text{ 为水产品消费量}，x \text{ 为时间}）$$

预测结果值与实际值相对误差为 0.21%，决定系数为 0.844，$F = 22.254$，Sig. $= 0.001$，预测方程通过检验。根据指数预测模型，到 2020 年济南市水产品消费达到 57 680.62 吨。利用上述生态足迹模型，计算得出 2020 年人均水域生态足迹为 0.329701ha。

表 5–12　　　　　济南市 2020 年水产品消费预测

年份	统计值（吨）	模型值（吨）	相对误差（%）
2000	32 894	30 817.9	6.3114793
2001	33 180	31 799.07	4.1619362
2002	34 330	32 811.48	4.4233174
2003	28 340	33 856.11	−19.46406
2004	33 970	34 934.01	−2.837828
2005	35 285	36 046.22	−2.15736
2006	36 649	37 193.85	−1.486669
2007	39 758	38 378.01	3.4709701

年份	统计值（吨）	模型值（吨）	相对误差（%）
2008	40 886	39 599.87	3.1456368
2009	41 362	40 860.64	1.2121287
2010	42 564	42 161.54	0.9455329
2015	—	49 314.34	—
2020	—	57 680.62	—

注：—表示数据缺失。

（5）建设用地生态足迹预测

建设用地生态足迹来源，主要考虑电力、热力消费量。电力消费采用 S 模型：

$$y = e^{(-211.65 + 452\,110.11x^{-1})}$$ （y 为电力消费量，x 为时间）

预测结果值与实际值相对误差为 0.21%，决定系数为 0.959，F = 103.039，Sig. = 0，预测方程通过检验。

表 5 - 13　　　　　济南市 2020 年电力消费预测

年份	统计值（万千瓦时）	模型值（万千瓦时）	相对误差（%）
2000	1 548 636	1 792 386	-15.74
2001	1 402 923	1 600 917	-14.11
2002	1 450 672	1 430 063	1.42
2003	1 508 477	1 277 587	15.31
2004	1 348 809	1 141 496	15.37
2005	1 096 015	1 020 017	6.93
2006	977 522	911 568	6.75
2007	815 770	814 740.6	0.13
2008	654 018	728 279.7	-11.35
2009	617 922	651 066.9	-5.36
2010	552 441	582 105.1	-5.37
2015	—	333 122.7	—
2020	—	191 164.5	—

注：—表示数据缺失。

热力预测采用 S 模型：

$$y = e^{(-151.98 + 336\,961.13x^{-1})}$$（y 为热力消费量，x 为时间）

预测结果误差为 0.55%，决定系数为 0.88，F = 30.786，Sig. = 0，预测方程通过检验。

表 5 - 14 济南市 2020 年热力消费预测

年份	统计值（百万千焦）	模型值（百万千焦）	相对误差（%）
2000	16 246 922	14 640 458	9.89
2001	13 421 349	13 458 227	- 0.27
2002	10 841 761	12 372 503	- 14.12
2003	10 374 320	11 375 324	- 9.65
2004	13 392 995	10 459 391	21.90
2005	9 122 719	9 618 014	- 5.43
2006	9 203 588	8 845 058	3.90
2007	7 655 877	8 134 901	- 6.26
2008	6 108 165	7 482 384	- 22.50
2009	6 183 503	6 882 781	- 11.31
2010	8 207 490	6 331 753	22.85
2015	—	4 176 991	—
2020	—	2 761 198	—

注：—表示数据缺失。

根据预测到 2015 年济南市电力消费达到 333 122.7 万千瓦时，2020 年为 191 164.5 万千瓦时；2015 年热力为 4 176 991 百万千焦，2020 年为 2 761 198 百万千焦。利用生态足迹模型，计算得出 2020年人均建设用地足迹为 0.013806ha。

（6）碳足迹预测

作者曾采用主成分回归模型预测碳足迹，找出影响能源消费量的主要因素，通过新陈代谢灰色预测模型群得到自变量的年度数据，进而建立自变量和因变量间的回归模型，实现能源消费量的预测；然后，根据生态足迹模型，预测出 2020 年能源生态足迹。本书基于第 4 章的碳排放的预测值，在不同情境模式下，碳足迹不同：在一般情景下，人均生态碳足迹为 0.304595ha；在惯性情境下，人均生态碳足迹为 0.230784ha；绝对脱钩情境下，人均生态碳足迹为 0.178609ha。

将各类生态足迹汇总，得到济南市 2020 年不同情境下的人均生态足迹预测值。在一般情景下，人均生态足迹为 1.656163 公顷；在惯性情景下，人均生态足迹为 1.551638 公顷；在绝对脱钩情景下，人均生态足迹为 1.477754 公顷。将各类生态足迹汇总，得到济南市 2020 年不同情境下人均生态足迹预测值。在一般情景下，人均生态足迹为 1.656163 公顷。在惯性情景下，人均生态足迹为 1.551638 公顷。在绝对脱钩情景下，人均生态足迹为 1.477754 公顷。

5.5.2　生态承载力预测

生态承载力的预测是基于生态压力情景值和生态足迹预测值转化而来的。未来区域资源利用若未采取有效措施控制人口增长，提高资源利用率，则生态压力会持续增加，即生态压力增长情景；若采取有效措施，控制人口增长，提高资源利用率，降低生态压力，则为生态压力减小情景。生态压力的两种情景分别与生态足迹的三种发展情景组合，形成六类生态承载力发展情景模式。

（1）生态压力增长情景

人均生态压力按 2000～2010 年增长趋势继续发展，即生态压力按年均 0.98% 增长，到 2020 年生态压力达到 3.64546。

1）一般情景：人均生态足迹为 1.656163ha，此时，对人均生态承载力要求如下：

$$EC = EF/(1 + ED) = 1.656163/(1 + 3.64546) = 0.356512$$

按照生态承载力计算公式，具体表达为：

$0.965066X1 + 2.201304X2 + 0.816203X3 + 0.139739X4 + 0.72554X5 +$

$0.924997X6 = 3\ 012\ 538$

X1、X2、X3、X4、X5、X6 分别代表人均耕地面积、人均林地面积、人均草地面积、人均水域面积、人均建设用地面积、人均碳吸收用地面积。

2）惯性情景：人均生态足迹为 1.551638 公顷，此时，对人均生态承载力要求如下：

$EC = EF/(1 + ED) = 1.551638/(1 + 3.64546) = 0.334012$

按照生态承载力计算公式，具体表达为：

$0.965066X1 + 2.201304X2 + 0.816203X3 + 0.139739X4 + 0.72554X5 + 0.924997X6 = 282\ 2401$

3）绝对脱钩情境：人均生态足迹为 1.477754 公顷，此时，对人均生态承载力要求如下：

$EC = EF/(1 + ED) = 1.477754/(1 + 3.64546) = 0.318107$

按照生态承载力计算公式，具体表达为：

$0.965066X1 + 2.201304X2 + 0.816203X3 + 0.139739X4 + 0.72554X5 + 0.924997X6 = 2\ 688\ 004$

（2）生态压力减小情景

通过分析济南市 10 县市区生态压力变动趋势，天桥区、槐荫区等生态压力减小，若其他地区通过采取措施生态压力降低了，则济南市生态压力会降低，若按年均 0.08 速率递减（天桥区生态压力年均递减速率），则 2020 年济南市生态压力达到 1.3082。

1）一般情景：人均生态足迹为 1.656163 公顷，此时，对生态承载力要求如下：

$EC = EF/(1 + ED) = 1.656163/(1 + 1.3082) = 0.717513$

按照生态承载力计算公式，具体表达为：

$0.965066X1 + 2.201304X2 + 0.816203X3 + 0.139739X4 + 0.72554X5 + 0.924997X6 = 6\ 062\ 989$

2）惯性情景：人均生态足迹为 1.551638 公顷，此时，对生态承载力要求如下：

$EC = EF/(1 + ED) = 1.551638/(1 + 1.3082) = 0.672229$

按照生态承载力计算公式，具体表达为：

$0.965066X1 + 2.201304X2 + 0.816203X3 + 0.139739X4 + 0.72554X5 + 0.924997X6 = 5\ 680\ 335$

3）绝对脱钩情境：人均生态足迹为1.477754公顷，此时，对生态承载力要求如下：

$EC = EF/(1 + ED) = 1.477754/(1 + 1.3082) = 0.640219$

按照生态承载力计算公式，具体表达为：

$0.965066X1 + 2.201304X2 + 0.816203X3 + 0.139739X4 + 0.72554X5 + 0.924997X6 = 5\ 405\ 891$

5.6 本章小结

本章基于第3章的时空生态足迹模型，计算济南市2000～2010年生态足迹、生态承载力、生态压力以及与社会经济耦合指标，分析生态足迹空间变化规律和生态足迹结构变动规律；结合碳排放预测结果，预测2020年碳足迹及生态足迹、生态压力、生态承载力。

具体结论如下：

（1）2010年，济南市人均生态足迹为1.2570公顷，人均承载力为0.2941公顷，生态压力为3.27。在生态足迹需求结构中，草地足迹最大，之后，是水域足迹、碳足迹；生态承载力结构中，耕地承载力最大；除了耕地，其他地类均处于生态赤字中，水域、草地压力较大；生态压力的降低，应从生态赤字大的足迹类型着手。生态足迹与社会经济耦合指标结果如下：万元GDP的生态足迹为0.1942公顷/万元，生态足迹多样性指数为1.3815，发展能力为1.7365。分析济南市2010年足迹空间变化，长清区生态压力最小；之后，是市中区、天桥区、历城区；历下区、章丘市生态压力最大。

（2）分析 2000～2010 年生态足迹动态变化，发现生态足迹以 2006 年为分界点，2000～2005 年生态足迹以年均 5.1% 的增长率增长，到 2006 年达到峰值。之后，以低于前一阶段的速率 2.7% 继续增长。人均生态承载力总体上呈增长趋势，在 2005 年出现低谷值，达到人均 0.2579 公顷；之后，由 2006 年的 0.2781 公顷增加到 2010 年的 0.2941 公顷。人均生态压力在 2006 年达到最大值，约为 3.79，表现出"十一五"期间生态压力小于"十五"期间的状况，反映在城市化快速发展的背景下，人们在资源利用、产业发展等各方面都有所改善，人地关系向可持续方向发展。

（3）分析 2000～2010 年人均生态足迹结构动态变化，人均碳足迹所占比例增加趋势明显；水域生态足迹和草地生态足迹变化不大，但二者仍占主导。人均生态承载力以耕地承载力、林地承载力和碳吸收用地承载力为主，耕地承载力呈下降趋势，建设用地承载力增长趋势明显，这与城市化快速发展、城市规模扩大、农村建设用地不减反增分不开。从生态赤字动态变化来看，耕地处于生态盈余状态，其余大都处于生态赤字状态，碳足迹增加速率超过碳吸收用地增加速率，使得碳足迹赤字增加明显，导致区域生态环境恶化，阻碍低碳经济发展。

（4）基于回归分析、灰色模型等数理统计法，对济南市各生态足迹来源进行预测：到 2020 年，在一般情景下，人均生态足迹为 1.656163 公顷；在惯性情景下，人均生态足迹为 1.551638 公顷；绝对脱钩情景下，人均生态足迹为 1.477754 公顷。生态压力设置有两种情景，分别与生态足迹的三种发展情景组合，形成六类生态承载力发展情景，作为土地利用结构优化的约束条件之一。

第 6 章

低碳土地利用评价

6.1 2010 年低碳土地利用分析

基于第 3 章低碳土地利用评价模型，计算济南市 2000～2010 年低碳土地利用分指数及指数。采用极值法对历年各地区的 20 个评价指标进行标准化处理，经过标准化处理后的数据均处于 [0，1] 间（以济南市 2010 年评价指标为例，见表 6 – 1），为使数据结果更具有可视化，将其扩大 100 倍，使低碳指数都处于 [0，100] 间，便于不同时间序列、不同区域的对比分析。

表 6 – 1　　　　　　　极值标准化处理后数据

年份	生态压力	万元 GDP 生态足迹	生态足迹多样性指数	发展能力	经济足迹弹性系数
2000	0. 2936	0. 0000	0. 0000	0. 0000	0. 0000
2001	0. 3125	0. 0014	0. 0119	0. 0056	0. 0029

年份	生态压力	万元 GDP 生态足迹	生态足迹 多样性指数	发展 能力	经济足迹 弹性系数
2002	0.3200	0.0035	0.0120	0.0064	0.0104
2003	0.2463	0.0052	0.0129	0.0111	0.0023
2004	0.1459	0.0071	0.0146	0.0201	0.0015
2005	0.0859	0.0114	0.0161	0.0201	0.0318
2006	0.0000	0.0115	0.0177	0.0373	0.0000
2007	0.1982	0.0220	0.0186	0.0208	0.0006
2008	0.0707	0.0264	0.0233	0.0296	0.0031
2009	0.0564	0.0308	0.0259	0.0314	0.0208
2010	0.1597	0.0389	0.0125	0.0287	0.0356

年份	足迹人口 弹性系数	单位 GDP 碳排放	第二产业	第一产业	第三产业
2000	0.0000	0.0000	0.0067	0.0080	0.0000
2001	0.0042	0.0061	0.0119	0.0131	0.0061
2002	0.0100	0.0083	0.0048	0.0126	0.0092
2003	0.0037	0.0034	0.0154	0.0130	0.0113
2004	0.0020	0.0078	0.0157	0.0196	0.0194
2005	0.0243	0.0066	0.0145	0.0247	0.0148
2006	0.0008	0.0061	0.0297	0.0206	0.0054
2007	0.0000	0.0143	0.0393	0.0194	0.0034
2008	0.0000	0.0226	0.0419	0.0213	0.0345
2009	0.0022	0.0248	0.0483	0.0248	0.0081
2010	0.0026	0.0304	0.0000	0.0000	0.0060

年份	碳足迹	碳压力	单位承载力 碳排放	单位建设用地 承载力碳排放	人均碳排放
2000	0.0997	0.0221	0.0188	0.0004	0.0265
2001	0.0889	0.0637	0.0255	0.0092	0.0316
2002	0.0459	0.0526	0.0237	0.0083	0.0288
2003	0.0396	0.0192	0.0118	0.0031	0.0156
2004	0.0160	0.0155	0.0113	0.0041	0.0143
2005	0.0039	0.0046	0.0031	0.0000	0.0070
2006	0.0051	0.0092	0.0006	0.0040	0.0017

年份	碳足迹	碳压力	单位承载力碳排放	单位建设用地承载力碳排放	人均碳排放
2007	0.0046	0.0098	0.0022	0.0022	0.0034
2008	0.0007	0.0049	0.0019	0.0017	0.0038
2009	0.0000	0.0000	0.0000	0.0353	0.0018
2010	0.0000	0.0030	0.0006	0.0005	0.0000

年份	单位固定资产投资碳排放	碳排放人口弹性系数	碳排放经济弹性系数	碳排放建设用地弹性系数	碳排放固定资产投资弹性系数
2000	0.0000	0.0000	0.0000	0.0000	0.0000
2001	0.0028	0.0100	0.0022	0.0000	0.0011
2002	0.0046	0.0119	0.0032	0.0052	0.0028
2003	0.0038	0.0018	0.0000	0.0247	0.0000
2004	0.0078	0.0209	0.0072	0.0005	0.0076
2005	0.0096	0.0030	0.0007	0.0030	0.0009
2006	0.0097	0.0026	0.0009	0.0024	0.0003
2007	0.0141	0.0023	0.0057	0.0012	0.0024
2008	0.0208	0.0072	0.0266	0.0001	0.0228
2009	0.0242	0.0000	0.0024	0.0023	0.0024
2010	0.0292	0.0002	0.0045	0.0000	0.0032

2010 年，济南市低碳土地利用指数为 35.55，其中，自然生态指数为 15.97，社会经济指数为 15.46，环境质量指数较低为 4.12。土地自然生态指数和社会经济指数得分较高，环境质量得分较低，从低碳土地利用的角度分析，人类在土地利用过程中，仍注重土地的社会经济可持续利用，对土地环境质量重视度较低。

6.2 2010 年低碳土地利用空间分析

基于 SPSS 聚类分析对济南市各县市区低碳土地利用指数进行分类，天桥区、槐荫区、济阳县低碳土地利用程度较高，将其列为低碳土地利用类；之后，是商河县、章丘市，将其列为中碳土地利用类；历下区、历城区为较高碳土地利用类；长清区、平阴县和市中区列为高碳土地利用类，见表6-2。单纯进行低碳土地利用指数的分类和排序虽然在一定程度上能够反映出区域土地利用差异及土地利用效率和效益，但不能找到阻碍土地低碳利用的问题及原因。因此，需从分指数及各指标入手，具体对比分析各分指数及指标，找到土地利用存在的问题，切实提出有针对性地促进区域低碳利用的方向和措施。

表6-2　　　2010年济南市各县市区低碳土地利用类型划分

分类	县市区	低碳土地利用指数
低碳	天桥、槐荫、济阳	70～100
中碳	商河、章丘	50～69
较高碳	历下、历城	45～50
高碳	平阴、市中、长清	0～44

分析济南市10个县市区分指数，见表6-3，天桥区、槐荫区自然生态分指数较高，说明区域资源开发利用程度较低，承载力较大，生态压力较小；而历下区、长清区资源开发利用程度较高，生态压力较大，今后低碳土地利用方向应放在提高土地承载力上。济阳县、历城区、历下区社会经济分指数较高，说明区域土地利用经济效益较高，万元GDP生态足迹较低，单位GDP碳排放强度较低；而市中区、长清区社会经济分指数较低，说明区域万元GDP生态足迹较高，单位GDP碳排放强度有待降低，今后低碳土地利用方向应放在提高单位GDP碳排放强度上。历下区、天桥区环境质量指数较高，说明单位土地利用碳排放强度较低，碳压力较小，碳排放增长速度低于经济增长速度。而市中区、平阴县指数较低，说明单位土地利用碳排放强度较高，碳压力较大。今后，低碳土地利用方向应放在提高土地利用碳排放强度上。

　　从济南市各县市区排序来看，区域土地低碳利用程度受自然生态、社会经济、环境质量等多因素影响，只有当三者都达到良好状态时，低碳土地利用指数才较高。历下区社会经济指数较高、环境质量指数也位居首位，但因其资源利用程度高，承载力较低，生态压力较大，使得最终评价结果为较高碳土地利用类型。天桥区自然生态指数较高，生态压力相对较小；环境质量指数位居第二，社会经济指数位于第8位，但综合评价结果为排序第1，为低碳土地利用型。长清区自然生态指数排在第9位，社会经济指数排在最后，环境质量指数排序第8，综合排序为最后。从中我们可以得到如下结论：（1）低碳土地利用指数排序不再与区域经济发展水平排序直接挂钩，也不因环境质量良好而有较高的低碳土地利用指数，只有当区域既保持良好的土地环境质量，又有较高的社会经济效益和较低的生态压力时，才具有较高的低碳指数，进一步验证了此评价体系的综合性和科学合理性。（2）通过低碳土地利用分指数的具体分析，可以找出影响区域土地低碳利用的因素，提出今后朝着低碳化方向发展的路径。

表 6 - 3　　2010 年济南各县市区低碳土地利用指数及分指数排序

序号	低碳土地利用指数		自然生态		社会经济		环境质量	
	县市区	分值	县市区	分值	县市区	分值	县市区	分值
1	天桥	75.37	天桥	30.89	济阳	28.12	历下	21.29
2	槐荫	74.93	槐荫	30.40	历城	27.68	天桥	18.49
3	济阳	70.70	济阳	25.68	历下	27.07	槐荫	17.66
4	商河	64.91	商河	20.71	章丘	26.96	商河	17.41
5	章丘	52.88	章丘	11.83	槐荫	26.87	济阳	16.90
6	历下	50.46	历城	5.86	商河	26.80	历城	16.41
7	历城	49.94	平阴	5.86	平阴	26.77	章丘	14.09
8	平阴	43.05	市中	5.02	天桥	26.00	长清	12.63
9	市中	41.19	长清	3.74	市中	25.25	市中	10.92
10	长清	40.70	历下	2.10	长清	24.33	平阴	10.42

6.3 2000~2010年低碳土地利用动态变化分析

从图6-1中可以看出，济南市自然生态分指数在2000~2005年间呈下降趋势，从2006年开始逐渐提高，表明土地生态压力逐渐增大；社会经济分指数一直处于增长状态，反映人们利用土地追求的首要目标是社会经济价值，土地的社会经济特性一直处于良好发展状态；土地环境质量分指数在2005年以前呈现下降态势，从2006年开始，环境分指数呈上升态势，表明人们逐渐意识到环境保护的重要性，加大了对土地环境保护的力度，但2010年环境分指数下降到0.0412，应引起足够的重视。通过这三个分指数动态变化，发现在"十五"期间，土地生态指数、环境分指数都呈下降趋势，而"十一五"期间都呈波动上升，而经济分指数总体呈上升状态，只是"十一五"期间上升幅度小于"十五"期间的上升幅度。

总之，在研究期内，自然生态分指数、环境分指数呈现先降后升的趋势，社会经济分指数一直呈上涨趋势，但涨幅趋缓，低碳土地利用指数出现先降后升趋势。由此可见，城市化快速发展和工业化进程加快，加大人们对资源的需求，由此造成的生态压力增大、环境质量降低，经济的高速发展伴随着资源的大量消耗和环境破坏，这在"十五"期间表现较为明显，低碳土地利用指数由2000年的47.57下降到2005年的28.60。令人庆幸的是，到了"十一五"期间，这种局面有所改善，自然生态分指数和环境分指数在波动中上升，社会经济分指数上涨幅度减缓，说明人们意识到经济增长不应以资源消耗和环境破坏为代价，提高了资源利用率，加大了生态环境保护，使得低碳土地利用总指数由2006年的16.55上升到2010年的35.55，土地低碳利用程度提高。

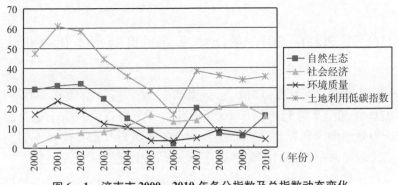

图 6 – 1　济南市 2000～2010 年各分指数及总指数动态变化

6.4　2000～2010 年低碳土地利用时空聚类分析

6.4.1　济南市各县市区低碳土地利用指数分析

根据济南市各县市区低碳土地利用指数 11 年间的动态变化，将其分为三大类型：

持续增长型：槐荫区、天桥区、济阳县最为典型。"十五"期间，槐荫区低碳土地利用指数增长率较高，达到 89%，天桥区和济阳县分别为 39%、22%，增速低于槐荫区。在"十一五"期间，三个区域继续保持增长趋势：槐荫区增长率降低，达到 50%；而天桥区和济阳县则保持较高增速，分别达到 80%、81%，槐荫区增速慢于天桥区和济阳县，见图 6 – 2。

先减少后增长型：在"十五"期间，历下区、市中区、历城区、平阴县、章丘市处于负增长率，以年均 10%～60% 的速率降低；在"十一五"期间，呈正增长，以年均 50%～133% 的增长率增加，见图 6 – 3。

先减少、又增长、后减少型：长清区、商河县在"十五"期间处于负增长率，以年均 60%、13% 的速率降低；在 2006～2009 年期间，呈正增长，以年均 122%、99% 的增长率增加，但 2010 年低碳指数又降低，见图6-4。

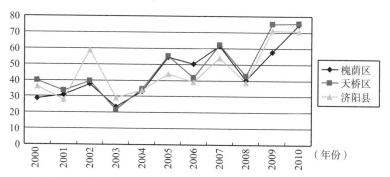

图 6-2　槐荫区、天桥区、济阳县低碳土地利用指数动态变化

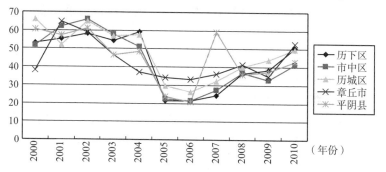

图 6-3　历下区、市中区、历城区、平阴县、章丘市
低碳土地利用指数动态变化

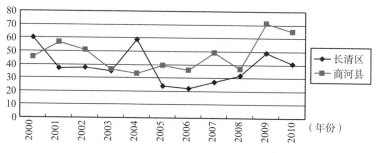

图 6-4　长清区、商河县低碳土地利用指数动态变化

6.4.2 济南市各县市区低碳土地利用分指数及发展路径分析

2000～2010 年期间，槐荫区低碳土地利用指数增长率达到 162%，属于持续上升类中的跃升型，低碳土地利用指数由期初的 28.6 增加到 74.9，低碳利用程度大幅提高；从分指数动态变化情况来看，自然生态、社会经济分指数都呈增加趋势，但是环境质量指数有下降趋势，见图 6－5。因此，今后土地低碳利用方向应重点放在减少单位土地面积碳排放强度，降低碳压力，提高环境质量上。天桥区、济阳县 2000～2010 年低碳土地利用指数增长率达到 90% 左右，属于持续上升类中的攀升型，低碳土地利用指数由期初的 39.8、36.1 分别增加到 75.4、70.7，低碳利用程度有较大的提高。从分指数动态变化情况来看，社会经济分指数呈增加趋势，自然生态分指数在波动中缓慢上升，环境质量指数有下降趋势。因此，今后土地低碳利用方向应重点放在提高土地承载力，减少单位土地面积碳排放强度，降低碳压力，提高环境质量上。槐荫区、天桥区、济阳县有省级工业区，今后应加强低碳技术支持、政策鼓励低排放、低耗能产业发展，改变以煤炭、石油等不可再生能源消耗的能源结构，降低碳排放强度，促进土地低碳利用。2000～2010 年，章丘市低碳土地利用指数增长率达到 39%，属于先下降、后上升型中的上升型，低碳土地利用指数由期初的 38 增加到 52.9，低碳利用程度有所提高。从分指数动态变化情况来看，自然生态、环境质量指数都呈降低趋势，且自然生态减少的幅度较大，章丘市作为济南市的次中心城市，今后土地低碳利用方向应重点放在减少生态压力，提高资源利用率，降低单位土地面积碳排放强度，降低碳压力，提高环境质量上，从而促进土地低碳利用。商河县 2000～2010 年，低碳土地利用指数增长率达到 43%，属于先下降、又上升、后下降型中的上升型，低碳土地利用指数由期初的 45.4 增加到64.9，低碳利用程度有所提高；从分指数动态变化情况来看，自然生态指数有所增加，但环境质量指数呈降低趋势，且社会经济指数较低。因此，今后土地低碳利用方向应重点放在提高资源利用率、减少生态压力，提高土地利用效益，减少万元GDP生态足迹和单位GDP碳排放，在提高环境质量上，进一步提高土地低碳利用。2000～2010年，历下区低碳土地利用指数增长率达到－4.7%，属于先下降、后上升型中的下降型。低碳土地利用指数由期初的52.9降低到50.5，低碳利用程度有所降低。究其原因主要在于，历下区资源开发密度大、承载力小，生态压力较大，因此今后历下区应作为优化开发区，提高土地集约利用度，进一步加大第三产业比重，鼓励发展低碳排放产业，加大生态环境保护和建设，提高土地低碳利用。市中区、历城区、平阴县2000～2010年低碳土地利用指数增长率达到－20%～－30%，属于先下降、后上升型中的倒退型，低碳利用程度有大幅度降低。从分指数动态变化情况来看，自然生态、环境质量指数都呈降低趋势，社会经济指数增加较大，进一步验证了经济发展是以环境和资源的不对等消耗换来的。因此，今后土地低碳利用方向应先改变经济发展依赖资源、污染环境这种高碳排放、高污染、低效率的发展模式，重点放在边保护边开发利用资源，提高资源利用率和土地承载力，减少万元GDP生态足迹和人均碳排放上。从根本上扭转当前的发展模式，提高环境质量，使土地朝低碳方向发展。2000～2010年，长清区低碳土地利用指数增长率达到－32%，属于先下降、又上升、后下降型中的衰退型，低碳土地利用指数由期初的60降低到40.1，低碳利用程度有较大幅度的降低。由于几年来长清区大学城和工业园区的大量建设，使得大量耕地被转为建设用地，碳源增加，碳汇较少，再加上大量人口的涌入，使得区域生态压力较大，生态环境质量降低，土地向高碳化方向发展。因此，今后长清区应控制新增建设用地增加，提高碳汇土地类型，降低碳排放强度，使得土地向低碳化方向发展。

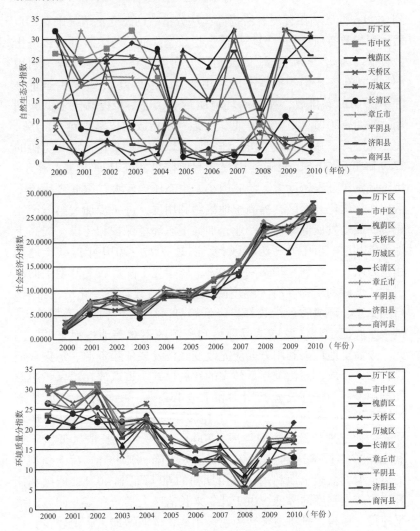

图 6 – 5　济南市各县市区 2000 ~ 2010 年自然生态分指数、
社会经济分指数、环境质量分指数动态变化

6.4.3　各县市区低碳土地利用时空聚类分析

前面基于 2010 年低碳土地利用指数，将济南市 10 个县市区划分为四种类型：低碳、中碳、较高碳、高碳土地利用类，从空间上静态地反映各县市区低碳土地利用程度。为从时空两维更好地反映各区域低碳土地利用程度，本书根据各区域低碳土地利用指数增减趋势及增减速率，将济南市 10 个县市区按照低碳指数发展路径进行时空聚类分析，结果见表 6-4。

表6-4　　　济南市各县市区低碳指数发展路径类型划分

类型	低碳指数增减率		县市区
持续上升型	跃升型	>100%	槐荫
	攀升型	50%~100%	天桥、济阳
先下降后上升型	上升型	0~50%	章丘
	下降型	-10%~0	历下
	倒退型	-30%~-10%	市中、历城、平阴
先降又升后降型	衰退型	<-30%	长清
	上升型	0~50%	商河

总之，天桥区、槐荫区、济阳县、商河县自然生态指数呈增加趋势，其他县市区呈下降趋势；所有地区社会经济指数都呈增加趋势；环境质量指数除历下区外，其余地区期末都比期初降低。各县市区应根据低碳土地利用分指数及变动趋势，追踪溯源查找原因，从消费结构、产业结构、能源结构、环境保护、低碳技术、政策倾斜等方面采取切实可行的措施，力促土地向低碳化方向发展。

6.5　本 章 小 结

基于第 3 章的低碳土地利用评价模型计算 2000~2010 年低碳

土地利用分指数、低碳土地利用指数时空动态变化规律，揭示出济南市土地利用低碳程度时空动态演变规律，为低碳土地利用预测、优化提供理论基础和数据支撑。具体结论如下：

（1）基于第4章的低碳土地利用评价模型，济南市2010年低碳土地利用指数为35.55，按照低碳土地利用指数，将济南市10个县市区划分为四种低碳土地利用类型：天桥区、槐荫区、济阳县属于低碳型；商河县、章丘市属于中碳型；历下区、历城区属于较高碳型；平阴县、市中区、长清区属于高碳型。通过具体分析各低碳土地利用分指数，找出促进土地低碳利用的发展路径。

（2）根据济南市10个县市区11年的低碳土地利用指数动态变化进行时空聚类，划为三大类、七小类：槐荫区属于持续上升类中的跃升型；天桥区、济阳县属于持续上升类中的攀升型；章丘市属于先下降、后上升型中的上升型；商河县属于先下降、又上升、后下降型中的上升型；历下区属于先下降、后上升型中的下降型；市中区、历城区、平阴县属于先下降、后上升型中的倒退型；长清区属于先下降、又上升、后下降型中的衰退型。根据各低碳土地利用发展路径类型，结合当地实际情况，提出相应的低碳土地利用发展方向。

第 7 章

济南市低碳土地利用时空
优化及发展路径

7.1 低碳土地利用结构优化

2010 年，济南市各地类面积，如表 7 – 1 所示。其中，碳吸收用地主要考虑林地、草地、水域湿地等生态用地，将三种地类按照土地多功能系数折算，$X6 = 0.5X2 + 1.485X3 + 14.103X4$，因此，选择耕地、林地、草地、水域、建设用地五个变量作为决策变量。

表 7 – 1　　　　济南市 2010 年六大类土地利用面积

地类	变量	面积（公顷）	比重（%）
耕地	X1	490 717.69	38.96
林地	X2	100 076.89	7.95

地类	变量	面积（公顷）	比重（%）
草地	X3	60 135. 07	4. 77
水域	X4	22 898. 72	1. 82
建设用地	X5	123 420. 26	9. 80
碳吸收用地	X6	462 279. 67	36. 70
合计		1 259 528. 30	

7.1.1　约束条件

对于约束条件，前人主要考虑各地类面积约束和土地总面积约束两个条件（何国松，2012）。本书从生态压力角度出发，以不同生态压力情境下的人均生态承载力预测值作为其中的约束条件之一。本书模糊约束条件考虑两方面因素：一是各地类面积约束；二是不同情境下区域人均生态承载力模糊约束。

7.1.1.1　各地类面积约束

各地类面积约束主要考虑研究区《济南市土地利用总体规划(2006～2020 年)》、济南市"十二五"国民经济和社会发展规划、济南市土地利用专项规划、社会经济发展预测值。

根据济南市土地利用总体规划，为保障区域粮食安全，实行最严格的耕地保护制度，到 2020 年耕地面积不得低于 365 845 公顷；根据济南市耕地适宜性评价结果，耕地适宜类的面积为 445 179 公顷。因此，耕地的模糊约束条件为：

$$445\ 179 \geqslant X1 \geqslant 365\ 845$$

根据《济南市土地利用总体规划（2006～2020 年)》，到 2020年济南市森林覆盖率达到 36% 以上，林地面积达到 81 736 公顷，考虑到林地砍伐和造林成活率以及济南市宜林荒地情况，确定林地模糊约束条件为：

$$130\ 876.89 \geqslant X2 \geqslant 81\ 736$$

根据遥感解译结果，2010 年草地面积为 60 135.07 公顷，考虑到济南市草地面积呈下降趋势，将其设为目标年的最高值；结合济南市新增建设用地面积和新增建设用地占农用地面积的差额（4 533 公顷）。即新增建设用地占未利用地面积，作为济南市草地减少面积，即草地目标年最低值为 55 602 公顷，草地模糊约束条件为：

$$60\ 135.07 \geqslant X3 \geqslant 55\ 602$$

考虑济南市生态环境建设目标，切实加强对湿地生态系统的保护，在南部泉水补给区和沿黄河划定生态控制线，进行生态清退，保护生态环境，将 2010 年水域湿地面积 22 898 公顷设为规划目标年的最低值。根据济南市环境保护"十二五"规划，加强湿地建设，到 2020 年水域湿地面积达到 69 669 公顷，水域模糊约束条件为：

$$69\ 669 \geqslant X4 \geqslant 22\ 898$$

本着控制新增建设用地规模，统筹存量与增量建设用地，强化对非农建设占用耕地的控制和引导的目标，规划到 2020 年，济南市新增建设用地总量控制在 21 097 公顷以内，工矿地复垦减少 860 公顷，将 143 657 公顷设为规划目标年最低值。根据济南市土地利用总体规划，到 2020 年，建设用地总规模不能超过 157 389 公顷，将其设为规划目标年最高值，则建设用地模糊约束条件为：

$$157\ 389 \geqslant X5 \geqslant 143\ 657$$

7.1.1.2 人均生态承载力约束

根据第 5 章人均生态承载力预测的六类情景模式下的六种人均生态承载力方程，构成六种约束条件，分别与各地类约束条件组合，构成六种情景下的模糊约束条件。

7.1.2 目标函数

基于第 4 章的济南市各地类碳蓄积强度，构建土地利用碳蓄积

最大化目标函数:

$$Max(Z) = 34.2X1 + 76.09X2 + 38.66X3 + 41X4 + 24X5$$

$$(6-1)$$

基于第4章的济南市各地类碳排放强度,构建土地利用碳排放最小化目标函数:

$$Min(Z) = 0.075X1 + 0.63747X2 + 0.1650X3 + 0.722X4 + 189X5$$

$$(6-2)$$

7.1.3 优化方案分析

基于 Matlab 软件的模糊线性规划运算,以碳蓄积最大和碳排放最小为目标函数分别进行优化测算,得到 12 种方案,见表 7 - 2下土地利用结构调整情况。对两种目标函数的优化结果进行分析,生态压力增加情境下的一般情景模式(方案1、方案7),林地、草地、水域三类用地面积之和占区域总面积的比例超过40%,与实际不符,舍弃该方案。生态压力减少情景下的一般情景模式(方案4、方案10),优化后耕地面积达到 446 150 公顷、445 377 公顷,超过 2020 年耕地适宜性面积 445 179 公顷,实施难度较大,方案不予考虑。在生态压力减少情景下的绝对脱钩情景模式(方案6、方案12),在优化后建设用地面积达到 163 660公顷、159 835 公顷,超过规划目标值上限,不予采纳该方案。这样,只考虑生态压力增加情境下的惯性情景、绝对脱钩情景模式、生态压力减小情境下的惯性情景模式三种情景下的六种方案。分别计算上述六种土地利用优化方案碳蓄积和碳排放,发现碳蓄积最大化目标的优化方案是发生在生态压力减小趋势下的惯性情景(方案5),见表 7 - 3;碳排放最小化目标的土地利用结构优化方案为生态压力增加情景下的惯性情景(方案8)、绝对脱钩情景(方案9),且二者基本一致,见表 7 - 4。将三个方案与济南市 2020 年土地利用总体规划方案进行比对,分析碳减排潜力，从碳排放、碳蓄积角度进行方案比对。

表 7 – 2　　两种目标函数和六种约束条件组合的 12 种方案

约束条件 目标 函数	生态压力增加			生态压力减小		
	一般情景	惯性情景	绝对脱钩情景	一般情景	惯性情景	绝对脱钩情景
碳蓄积最大	方案 1	方案 2	方案 3	方案 4	方案 5	方案 6
碳蓄积最小	方案 7	方案 8	方案 9	方案 10	方案 11	方案 12

表 7 – 3　　基于碳蓄积最大化目标的土地利用结构优化方案

变量	土地利用类型	生态压力减小		土地利用总体规划方案	
		惯性情景（方案 5）			
		面积(公顷)	碳蓄积(万吨)	面积(公顷)	碳蓄积(万吨)
X_1	耕地	384 770	1 315.9134	365 845	1 251.1899
X_2	林地	125 600	955.6904	111 223	846.295807
X_3	草地	59 000	228.094	60 524	233.985784
X_4	水域	69 660	285.606	29 827	122.2907
X_5	建设用地	144 590	347.016	157 389	377.7336
合计			3 132.3198		2 831.495791

　　基于碳蓄积最大化目标的土地利用优化方案，碳蓄积总量为 3 132 万吨，比济南市土地利用总体规划方案碳蓄积量多 300 万吨。从该方案土地利用结构分析，耕地规模完成了济南市耕地保有量的目标，保障粮食安全；建设用地规模比 2010 年增加 21 169 公顷，略低于规划年建设用地规模，减少了碳源；林地和水域面积增加，生态环境得到改善，碳汇增加；草地面积适当减少。总的来说，碳蓄积能力强的耕地、林地、水域总规模增加，保障了碳蓄积量的增加，有利于减少碳的释放。

表 7 - 4 　　基于碳排放最小化目标的土地利用结构优化方案

变量	土地利用类型	生态压力增加				土地利用总体规划方案	
		趋势情景（方案8）		绝对脱钩情景（方案9）			
		面积（公顷）	碳排放（万吨）	面积（公顷）	碳排放（万吨）	面积（公顷）	碳排放（万吨）
X1	耕地	378 710	2.840325	376 780	2.82585	365 845	2.743838
X2	林地	128 870	8.21507589	128 970	8.2214505	111 223	7.090133
X3	草地	59 960	0.98934	60 000	0.99	60 524	0.998646
X4	水域	68 660	4.9586252	69 650	5.030123	29 827	2.154106
X5	建设用地	143 660	2 715.174	143 660	2 715.174	157 389	2 974.652
合计			2 732.177366		2 732.24142		2 987.639

　　基于碳排放最小化目标的两种土地利用优化方案，碳排放总量为 2 732 万吨，比济南市土地利用总体规划方案碳排放总量少 255 万吨。从该方案土地利用结构分析，耕地规模均完成了济南市耕地保有量的目标，保障粮食安全；建设用地规模低于规划年建设用地规模，减少了碳源；林地面积略微增加，水域面积增加较多，生态环境得到改善，碳汇增加；草地面积适当减少，总的来说，碳排放能力强的建设用地规模降低，有利于碳排放的减少。

　　基于碳蓄积最大化的优化方案 5 比 2020 年土地利用规划方案多 300 万吨，但其碳排放为 2 749.65 万吨，净碳排放为 382.67 万吨，比方案 8、方案 9 多。因此，从碳蓄积和碳排放来看，该方案在碳排放上未达到最优。

　　基于碳排放最小化的优化方案 9 碳蓄积比方案 5 略低，碳排放比方案 5 少 17.41 万吨。因此，方案 9 优于方案 5。

　　基于碳排放最小的方案 8 碳蓄积比方案 9、方案 5 高 1.6 万吨，碳排放比方案 9 低 0.06 万吨。因此，从碳排放碳蓄积角度分析，方案 8 优于方案 9。从碳排放、碳蓄积对比来看，方案 8 > 方案 9 > 方案 5，见表 7 - 5。

表7-5 不同土地利用结构优化方案碳减排潜力对比分析

土地利用类型	碳排放最小（生态压力增加）				碳蓄积最大（生态压力减小）		土地利用总体规划方案	
	趋势情景（方案8）		绝对脱钩情景（方案9）		趋势情景（方案5）			
	碳蓄积	碳排放	碳蓄积	碳排放	碳蓄积	碳排放	碳蓄积	碳排放
耕地	1 295.19	2.84	1 288.59	2.83	1 315.91	2.89	1 251.19	2.74
林地	980.57	8.22	981.33	8.22	955.69	8.01	846.30	7.09
草地	231.81	0.99	231.96	0.99	228.09	0.97	233.99	1.00
水域	281.51	4.96	285.57	5.03	285.61	5.03	122.29	2.15
建设用地	344.78	2 715.17	344.78	2 715.17	347.02	2 732.75	377.73	2 974.65
合计	3 133.86	2 732.18	3 132.23	2 732.24	3 132.32	2 749.65	2 831.50	2 987.64

7.1.4 优化方案评选

哪种方案最优，不仅要考虑碳排放、碳蓄积情况，还要考虑其社会经济效益、生态压力情况，即该优化方案中低碳土地利用程度如何？因此，本书基于低碳土地利用评价模型，分别计算三个方案低碳土地利用指数，见表7-6，以便选取最优方案。

表7-6　　不同土地利用结构优化方案低碳土地利用指数对比分析

方案	自然生态	社会经济	环境质量	低碳指数
方案8	22. 13	26. 54	14. 7	63. 37
方案9	21. 19	23. 25	13. 8	58. 24
方案5	26. 32	20. 64	12. 1	59. 06

方案8自然生态分指数低于方案5，但社会经济分指数和环境质量分指数较高，低碳土地利用指数为63.37；方案9社会经济分指数和环境质量分指数均高于方案5，低碳土地利用指数为58.24，低于方案8；方案5自然生态分指数较高，但社会经济分指数、环境质量分指数较低，低碳指数为59.06，从低碳土地利用指数对比情况看，方案8 > 方案5 > 方案9。

结合碳排放和碳蓄积、低碳土地利用指数，方案8为最优方案，因此推荐方案8为结构优化最优方案。该方案资源承载力较高，生态压力较小；碳排放减少，碳蓄积增加，碳足迹降低，净碳排放有盈余；单位GDP碳排放、单位GDP人均足迹均降低，土地利用集约度提高，社会经济效益明显；生态用地增加，有利于济南市生态环境的改善。综合来说，方案8不仅保障粮食安全，控制建设用地增长规模，还实现了生态环境的改善，提高了土地低碳利用程度，对今后土地低碳利用规划、城市建设等有一定的指导意义。

7.2 低碳土地利用空间布局优化配置

基于CLUE - S模型，将模糊线性规划预测的土地利用优化方案8的需求数据进行了空间模拟。以2010年遥感解译后的栅格图（100×100m）为基期，通过输入约束图层、设定转移矩阵和转移概率，在空间分配模块中通过迭代分析，完成2020年土地利用空间模拟。

7.2.1 约束限制图层输入

图层主要考虑自然保护区、水源地保护区、森林公园、南部山区水源涵养区、风景名胜区、基本农田保护区、地质灾害分布区。

7.2.2 土地利用转移矩阵输入

土地利用转移矩阵，详见表7-7。

表7-7 济南市土地利用类型转移矩阵

土地利用类型 未来→ 现状↓	耕地	林地	草地	水域	建设用地	未利用土地
耕地	1	1	1	1	1	0
林地	1	1	1	1	1	0
草地	1	1	1	1	1	0
水域	1	1	1	1	0	0
建设用地	1	1	1	0	1	0
未利用土地	1	1	1	1	1	1

注：1表示现状与规划可以转化，0表示不可转化。

7.2.3 土地利用格局驱动因子分析

影响土地利用格局变化的驱动因子较多,本节选取坡度、距主干道距离、距河流距离、人口密度、城镇化水平、人均 GDP 作为主导因子。首先,建立各驱动因子栅格图,在 Arcgis 中转为 ASCⅡ文件,然后,在 CLUE–S 模型下生成 stats 文件;其次,运用 Logistic 回归方程在 SPSS 中分析六大类土地利用类型和驱动因子间的关系,建立 Logistic 回归方程,ROC 值都大于 0.5,方程解释能力较好;最后,分析影响栅格图上每一个单元格转变为某一地类的概率的主要驱动因子。

7.2.4 空间格局优化

经过多次迭代分析,完成基于方案 8 的土地利用空间优化布局。

7.2.5 优化方案验证

7.2.5.1 土地适宜性比对

将优化后的空间格局图与济南市各地类适宜性图进行空间叠置分析,判断优化后地类空间分布是否在适宜范围内,主要判断耕地和建设用地空间布局的适宜性。经分析,优化后的耕地空间分布的92%落在耕地的适宜等和次适宜等范围内;建设用地空间分布全部落在建设用地的适宜等、一般适宜等的范围内。综上所述,方案 8的空间布局优化结果符合土地适宜性分布。

7.2.5.2　景观格局空间分析

利用景观格局分析法计算景观格局指数，对 2020 年优化空间布局与 2010 年空间布局从以下方面进行比较分析。

（1）景观结构变化特征

2010 年，总斑块数是 5 099 个，2020 年，优化空间布局的斑块数量达到 13 199 个，其中，耕地、建设用地的斑块数量和面积占绝对优势。景观斑块平均大小由 2010 年的 1.51 平方公里减小到 2020 年的 0.61 平方公里，景观破碎程度表现为持续增加的趋势。

（2）景观多样性变化分析

2020 年多样性指数比 2010 年有所增加，达到 1.3776；均匀度指数有所增加，达到 0.6625，优势度由 0.76 降低为 0.7，蔓延度指数降低，达到 50.67。表明土地利用仍然向着多样化和均匀化方向发展，蔓延度指数的持续下降验证了优势斑块类型连通性降低和斑块破碎化程度继续增大的趋势。

（3）景观异质性变化分析

1）景观分维数

耕地、水域、建设用地、未利用地景观类型的分维数增加，见表 7-8，斑块形状发生了较大变化。2020 年，林地、草地分维数比 2010 年减小，表明该景观斑块形状趋于简单。

表 7-8　济南市 2020 年、2010 年各景观类型分维数对比

分维数	2010 年	2020 年
耕地	1.4573	1.4604
林地	1.4880	1.4583
草地	1.5028	1.4690
水域	1.4799	1.5648
建设用地	1.3809	1.4180
未利用地	1.3360	1.4443

2）景观分离度

景观分离度指数由 2010 年的 8.16 上升到 2020 年的 12.54，见图 7 - 1，区域景观集中连片减弱。

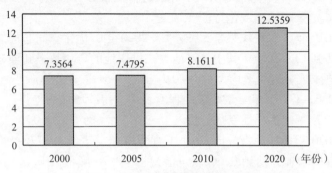

图 7 - 1　济南市景观分离度指数变化

从景观生态学的角度来讲，林地和草地分维数降低，有利于空间集聚的发展，但是建设用地斑块、面积增加，景观分离度增大，蔓延度降低，不利于生态效应的发挥，今后在土地利用过程中应尽量减少斑块分割，发挥景观集聚效应，提高碳汇、碳源强度，降低碳排放。

7.3　低碳土地利用发展路径

通过低碳土地利用评价，发现济南市土地利用碳排放强度呈增长趋势，且具有明显的区域差异；存在碳源增加、人均碳排放增加等问题。如何实现济南市土地利用低碳发展？本书结合济南市土地利用现状、低碳经济发展、节能减排目标、生态环境保护等，从以下几方面提出促进土地低碳利用的发展路径。

7.3.1　调整土地利用结构，提高生态承载力，增汇减源

不同土地利用方式，其碳汇（源）吸收（排放）系数不同，土地利用结构调整，是实现低碳土地利用的有效方式。

7.3.1.1　加强耕地和高标准基本农田建设

实行严格的耕地保护制度，2020 年，济南市耕地保有量保持在 365 845 公顷以上，基本农田保护面积不低于 320 018 公顷。提高耕地复种指数，调整耕作制度，降低撂荒率，提高耕地生态承载力；实行立体农业、生态农业，降低化肥、农药施用，鼓励使用有机肥；禁止秸秆焚烧，开展秸秆还田覆盖、留茬覆盖等，从源头上降低农业生产过程中的碳排放。

济南市北部平原区是粮食生产区，担负全市粮食生产，通过高标准农田基本建设，进行规模化改造、高标准节水，完善田间灌排设施，构建农田水网、路网、林网、电网"四网一体化"，提高生产力。

7.3.1.2　因地制宜调整农用地结构

土地利用方式的变化影响土壤及其植被有机碳含量（周涛等，2003），比如，林地、草地转变为耕地导致土壤有机质损失，在利用过程中，翻耕管理导致土壤团聚体破坏，碳储量随之下降。因此，将低效耕地和坡耕地适当退耕还林、退耕还草，有利于碳储量增加，同时，增加林地、草地生态承载力，有利于生态压力降低。

7.3.1.3　加强水域湿地保护

水域湿地有改善区域生态环境、增加碳汇的功能。济南市水域湿地面积近年来呈减少趋势，应加强湿地建设，增加湖泊湿地调蓄

能力，维护湿地生态系统基本功能，提高水域生态承载力。

7.3.1.4　严控建设用地规模

建设用地是碳排放的主要来源，从各类用地碳排放强度和碳排放量来看，建设用地占绝对主导地位，因此，控制建设用地总规模有利于低碳土地利用的实现。

首先，鼓励利用存量建设用地，提高建设用地容积率和建筑密度，实现土地集约利用。

存量建设用地可挖掘潜力较大，应先利用存量建设用地，使得建设用地总规模保持不变或略微增加。

其次，严控新增建设用地。

严格按济南市土地利用总体规划和城市规划中对于建成区范围和城镇发展规模的规定执行，防止城市蔓延式发展，尤其警惕城市扩张对具有碳汇功能的生态用地的侵蚀，防止碳汇功能用地的减少，从而促进土地低碳利用。

最后，提高建设用地利用效率，加强城市绿化。

提高建设用地万元 GDP 产值，降低单位建设用地碳排放强度，提高建设用地利用效率；同时，加强城市绿化，增强绿地碳蓄积能力。

7.3.2　优化土地利用布局，实现规模效应，增汇减源

7.3.2.1　合理配置工业园用地布局

济南市有六个工业园，分别是济南经济开发区、槐荫工业园、化工产业园、商河工业园、济南高新产业园、航空维修与配套工业园。各园区产业定位、主导产业和优势产业特色明显，在很大程度上实现了产业的集聚效应和规模效应，形成了某种产业集聚地，避免产业重复建设，节约了资源。今后，工业园应推行

清洁生产，鼓励使用新能源，节能节水节地，使用循环材料，提高单位土地经济效益，降低单位土地碳排放（王发明，2007）。此外，工业园内各企业间通过物质循环、能量流动、信息传输交流，可降低废弃物产生，减少生态环境污染，有效地降低污染物处理产生的碳排放。

7.3.2.2　发展紧凑城市

城市"摊大饼式"发展必然带来土地资源的不可持续利用，也造成了交通等基础设施的建设，带来碳排放增加，紧凑型城市恰能解决上述问题，为低碳土地利用提供典范（赵荣钦，2010）。济南市围绕"东拓、西进、南控、北跨、中疏"的城市空间发展战略，产业发展规划实施两翼展开、跨河发展的总体战略，形成主城区产业聚集区和沿交通走廊向东、向西、向北的三条产业聚集带，为低碳土地利用的发展奠定基础。为进一步促进土地低碳利用，首先，实行土地功能混合利用：一方面，可以解决居民工作、居住、购物长距离跋涉的难题；另一方面，降低由于城市框架增大、基础设施扩展带来的碳排放。其次，从规模和布局上根据不同功能区服务半径和服务内容，合理安排各种基础设施、公共设施（贺艳华，2007），节约资源，降低碳排放。

7.3.3　划分生态环境功能区，探索低碳土地利用模式

济南市生态环境功能区，包括南部山区生态功能区、中心城城市建设生态功能区、山前平原农业生态功能区、黄河沿岸湿地保育生态功能区、北部平原农林生态功能区，不同功能区采取不同的低碳土地利用模式。

7.3.3.1　集约节约型

适用于中心城城市建设生态功能区。建设用地是土地利用的主

要碳源，承载的碳排放强度最大，而且，目前建设用地集约度较低，碳排放呈增加趋势。随着城镇化、工业化的发展，建设用地短期内需求仍会增加，如果继续采用当前不集约利用方式，会造成区域生态压力加大。因此，推进集约节约用地，控制新增建设用地规模，扭转建设用地无序增长状态，是降低碳排放的重要途径之一。

通过调研摸清存量建设用地挖潜潜力，对城镇工矿低效用地和废弃工矿用地进行综合整治，提高废弃地再利用比例和土地利用效率。加强对新增建设用地严格把关，严格控制新增建设用地容积率、建筑密度，提高建设用地集约程度，推动建设用地从粗放外延式扩张转向集约挖潜式再开发。

通过前面分析发现，城乡用地和工矿交通用地碳排放强度较高，今后要加强这两类用地承载的经济活动的监管。对于工矿用地，发展生态型产业，提高产业和项目生态准入门槛，限制高碳项目，引入低碳、高新技术产业及服务业的发展。对于交通用地，充分利用土地三维立体空间，发展多模式交通体系和绿色交通，着重发展公共交通、轨道交通等大交通体系，尽量采用新能源公交车，降低交通系统尾气排放，达到减少碳排放的目的。对于城乡用地，从城乡景观设计开始就充分考虑低碳化：减少地面硬化，保护地面生态系统自然特性，推广绿色低碳建筑设计，充分利用太阳能等清洁能源，发展低碳建筑，降低碳排放。此外，对于城乡生产、生活污水、固体废弃物处理，建议采用新技术，建立生态循环机制，回收可利用资源，提高废物再利用率，从而降低碳排放。

7.3.3.2 生态保育型

济南市水域湿地面积呈减少趋势，导致碳汇减少。首先，加强湿地建设，通过退田还湖、平垸行洪，增加湖泊湿地调蓄能力，在黄河沿岸地区、低洼滞洪区、水库、河道和湖泊周边，建设湿地保护区和湿地公园，恢复和保护现有湿地资源。将济西湿地、平阴玫瑰湖、商河大沙河、天桥鹊山龙湖建成国家级湿地公园，将济阳澄波湖建成省级湿地公园；建设南部山区三川湿地水源涵养保护区、章丘白云湖生态功能保护区，保护生物多样性；做好小清河沿岸湿地恢复工作，维护湿地生态系统基本功能。其次，加强"两区一园"建设。加强自然保护区、风景名胜区和森林公园规范化建设和管理。新建长清大峰山自然保护区和历城黑峪自然保护区，将历城柳埠自然保护区升级为省级自然保护区，建设和提升森林公园28处。

7.3.3.3 特色生态农业型

适用于山前平原生态农业功能区。农业生态系统对温室气体排放的贡献达到1/15～1/5，但又是减少陆地生态系统碳排放的最大潜在因素（陈广生等，2007）。济南市农用地面积占总面积的一半以上，土地利用仍较为粗放，且经济效益较低，加上大量化肥、农药的施用，造成土壤板结，降低碳蓄积，增加碳排放。（1）针对农业生产化肥使用量大的问题，今后应借助测土配方施肥、推广沼渣肥，降低碳排放。（2）针对农用地集约度不高的情况，应提高复种指数，降低撂荒率，实行立体种植，发展特色高效低碳生态农业，促进循环农业经济发展，建立低碳农业示范区，推广节水农业、农地膜覆盖、病虫害及时测报、无土栽培等农业现代化技术，防治农业面源污染，改善农业生态环境，降低农业生态系统碳排放，增加土壤碳蓄积。（3）推广畜禽生态养殖技术，对规模化畜禽养殖场实施污染治理和再提高工程，提高畜禽养殖粪便综合利用率和污水处理率。（4）加大秸秆综合利用力度，多渠道综合利用秸秆，禁止秸秆露天焚烧。（5）目前，农用地经营模式主要以家庭为主，随着农业现代化的发展，规模化、集约化、专业化是今后的发展趋势；再加上农村确权登记工作的开展，为农村土地合作社的建立，土地的合理合法流转提供保障。因此，今后农用地应朝着规模化的方向发展，引入市场运作机制，多渠道筹集资金，实行规模化、专业化经营，既实现经济效益提高，又降低景观破碎度，提高农民生活水平，实现多赢局面。

7.3.3.4 高效固碳型

北部平原农林生态功能区采用高效固碳型模式。林地是陆地生态系统中最大的碳库（李怒云，2010），是增汇的重要途径。济南市林地面积近年来呈增加趋势，尤其是南部山区在保护生物多样性、涵养水源、保持水土等方面发挥重要的作用，但由于林地乱砍滥伐和林地开垦，导致林地碳蓄积能力降低，大量树木的砍伐，导致碳的释放，因此，应加强林地建设与管理，切实发挥林地碳汇功能。

在北部平原建设防风固沙林、用材林和农田林网，形成"带、片、网"相结合的防风沙体系和农田防护体系。盐渍化较严重的地区实施退耕还草和农业结构调整，控制土壤风沙和盐渍化。在西部城区、东部城区与主城区之间，建设生态隔离绿化带；在城区建设和改造中，实施各类公园和绿地建设，合理配置乔木、灌木、地被植物，形成城市绿地系统。通过防风固沙林、用材林和农田林网建设，在山前平原区形成防御风沙屏障，改善生态环境功效，提高景观生态廊道连通性，增加碳蓄积。

7.3.3.5 综合模式

南部山区是济南市重要的生态和水源涵养区，是以水源补给、资源保育、绿色农业、旅游休闲为主导功能的重要生态保护区、绿色产业发展区、风景名胜和特色文化旅游区。将南部山区土地及空间资源划分为禁止建设区、限制建设区和适宜建设区，严格落实"南控"战略。禁止建设区包括基本农田保护区、地表水饮用水源一级保护区、泉域地下水重点渗漏区等，除必要的基础设施、保护设施和农业设施建设外，禁止任何城市、村镇建设等一切活动，减少碳源。限制建设区包括风景名胜区、森林公园等自然景观和人文景观保护区等，鼓励植树造林和山体绿化，发展生态农业，增加碳汇。适宜建设区是镇村建设发展优先选择的地区，但要根据资源条件和环境容量，科学合理地确定开发模式、规模和强度，严格控制建设用地规模，尽可能地减少地面硬化，减少碳排放。

7.3.4 引导消费结构，降低生态足迹

从生态足迹结构分析可以看出，济南市草地足迹和水域足迹占总足迹比重较大，之后是碳足迹，因此，应正确引导人们的消费结构，强化适度消费机制，从而在提高人们的生活水平、协调营养搭配的同时，降低生态足迹，减小生态压力，促进土地低碳利用。

碳足迹的降低，首先，优化能源结构，从严控制燃煤火电新增规模；其次，积极推广应用太阳能、风能、生物质能、地热能等新能源，鼓励太阳能集热系统在公共机构、工业、商业和居民生活领域的大规模应用。因地制宜地发展地热能，推广满足环保和水资源保护要求的地热应用技术产品。

7.3.5 研发低碳土地利用技术

在土地开发、利用、保护、整治中采用低碳利用技术，可以降低土地碳排放强度，减少碳排放量。

（1）土地节约集约技术。一方面，通过提高土地利用率和投资强度，获得较大产出；另一方面，通过采用节约集约技术，减少单位面积土地能源投入，降低碳排放强度。

（2）低碳土地整理技术。土地整理是解决耕地占补平衡，满足各行业建设用地需求的主要途径之一。在整理过程中，从整理设计到工程实施到投入使用，全过程均采用低碳技术的工程措施、生物措施、技术措施，减少能源使用，降低碳排放。

（3）土地再循环再利用技术。目前，虽然土地复垦工作较多，但不能保证复垦后土地质量，大多达不到规划设定目标。从土地低碳利用角度讲，未实现资源充分循环利用，今后应研究提高土地循

环利用的关键措施，争取切实实现土地循环利用。

7.3.6 完善低碳土地利用保障机制

7.3.6.1 推进低碳土地利用制度创新与法律体系建设

根据土地利用总体规划，加强土地用途管制并细化管制规则，对高碳项目用地加以限制，提高准入门槛；对低碳项目用地放宽土地供给条件，引导产业结构向低碳、低排放、低污染转移，从而降低碳排放。加快制定和修改有利于减缓温室气体排放的土地供给制度，与产业发展、可再生能源法等相关法规和政策配套，共同促进碳排放减少。

7.3.6.2 加强金融对低碳土地利用的支持

利用金融工具，在土地信贷、土地融资、土地抵押方面给予低碳项目一定的政策优惠和支持。通过各种金融工具、金融手段，引导土地集约利用和产业结构低碳化，降低土地利用碳排放。

7.3.6.3 建立碳交易市场

出台鼓励企业进行低碳创新、节能减排、可再生能源使用的政策，引领企业开发先进的低碳技术，研究和实施低碳生产模式。建立区域性碳交易机制和运行规则，确保碳排放期货交易活动的规范和高效，平衡区域碳排放差异，促进碳减排目标的实现。

7.3.6.4 将土地利用碳排放强度纳入地方政府政绩考核目标

为适应低碳发展的需要，将低碳土地利用作为指标纳入地方政府土地利用绩效评估体系，形成发展低碳土地利用的倒逼机制，全面评价区域土地供给结构，高碳产业、低碳产业所占比重分别为多少？土地利用碳排放强度变动如何？将其作为地方政府评优评先、职务晋级的重要依据。

总之，济南市低碳土地利用发展路径就是要通过结构调整和布局优化充分发挥土地碳汇功能，增汇减源。在土地开发、利用、保护、整治中采用先进节能减排技术降低碳排放，实现低碳土地利用；同时，根据不同生态功能分区，提出五种低碳土地利用模式；为保障低碳土地利用的发展，从政策、金融、法律、行政等方面提出保障措施，最终实现低排放、高效率、高效益的低碳土地利用。

7.4 本章小结

采用模糊线性规划，以碳蓄积最大和碳排放最小为目标函数，以各地类面积范围和人均生态承载力方程为约束条件，分别进行优化测算，得到三种优化方案。将三种优化方案与济南市 2020 年土地利用总体规划方案进行比对，分析碳减排潜力。计算三种方案的低碳土地利用指数，确定方案 8 为最优方案。将方案 8 的土地利用结构调整数据作为土地需求输入 CLUE – S 模型，以 2010 年遥感解译栅格图作为基图，考虑自然保护区、水源地保护区、森林公园、南部山区水源涵养区、风景名胜区、基本农田保护区、地质灾害分布区约束限制，设定转移矩阵和转移概率，通过迭代分析，完成 2020 年土地利用空间模拟优化。经过耕地、建设用地适宜性图的比对，2010 年和 2020 年景观格局指数的对比分析，验证优化方案空间布局的合理性，并提出有利于生态效应发挥应注意的事项。最后，从调整土地利用结构，优化土地利用布局，探索低碳土地利用模式，降低生态足迹，研发低碳土地利用技术，完善低碳土地利用保障机制六个方面提出增汇、减源、减排的促进区域土地低碳利用的发展路径和集约节约型、生态保育型、特色生态农业型、高效固碳型、综合模式五种低碳土地利用模式。

第8章

研究结论与展望

8.1 主要研究结论

本书通过对土地可持续利用、低碳经济的分析，提出低碳土地利用概念及内涵，建立了以土地可持续利用理论、生态环境价值理论、脱钩理论、生态经济系统理论、土地优化配置理论为基础的低碳土地利用理论框架；结合 IPCC 温室气体清单分析法和国内外的研究成果，构建了土地利用变化碳排放核算和碳排放效应测算体系，为碳足迹估算提供方法和数据支撑；基于改进的生态足迹模型，构建低碳土地利用评价模型；利用数理统计法和情景分析法完成生态足迹和碳排放预测；基于预测结果，采用模糊线性规划和 CLUE－S 模型实现低碳土地利用时空优化并进行验证；以济南市为例，开展了土地利用碳排放及其效应研究，分析了生态足迹时空动态变化，评价了土地低碳利用程度的时空变化，预测优化了 2020 年济南市低碳土地利用时空格局，并提出了促进区域土地低碳利用的发展路径和低碳土地利用模式。

（1）建立了市域土地利用变化碳排放核算和碳排放效应测算体系，分析济南市 2000～2010 年土地利用变化碳排放及效应变化，有助于了解济南市土地利用碳排放变化及碳排放强度和碳蓄积强度。

2010 年，济南市土地利用碳蓄积量为 3 087.60 万吨，土地利用碳排放为 3 668.3957 万吨，土地利用净碳排放量为 –580.79165 万吨。耕地碳蓄积最多，林地碳蓄积强度最大。居民点用地碳排放最多，约为 3 339.9 万吨碳，占 91.04%；居民点单位用地碳排放强度最大，达到 314.15t/ha。2010 年，在碳排放构成中，能源消费碳排放最多，占总碳排放的 87.16%。之后，是工业产品工艺生产过程碳排放、废弃物碳排放、农林牧副渔生产过程中的碳排放量。济南市 2000～2010 年碳蓄积、碳排放都呈增加趋势，净碳排放在 2005 年出现转折，由之前的碳盈余转为碳亏损；单位 GDP 碳排放下降，万元产值能能耗降低。分析各产业碳排放，第三产业单位 GDP 碳排放最小，第二产业对市域 GDP 贡献仅次于第三产业，但第二产业单位 GDP 碳排放是第三产业的 20 倍，今后济南市应加强产业结构调整力度，发展以第三产业为主的产业体系。

（2）提出时空生态足迹概念，完善了传统生态足迹模型的不足，分析了济南市生态足迹时空动态变化。

提出时空生态足迹概念，从均衡因子和产量因子、土地多功能系数、时空二维表达、动态预测功能、碳足迹、与社会经济耦合综合评价可持续六个方面对传统生态足迹模型进行改进。2010 年，济南人均生态足迹为 1.2570 公顷，人均承载力为 0.2941 公顷，生态压力为 3.27。从空间分布来看，长清区生态压力最小，之后是市中区、天桥区、历城区，历下区、章丘市生态压力最大。分析 2000～2010 年生态足迹的动态变化，"十一五"期间生态压力小于"十五"时期，人均碳足迹所占比例增加趋势明显，超过碳吸收用地增加速率，使得碳压力增加，阻碍土地低碳利用。

（3）初步构建了基于改进生态足迹模型的低碳土地利用评价模型，测算了济南市低碳土地利用指数，评价土地利用低碳程度及时空发展变化。

根据全面性、科学性、针对性、动态性、可操作性原则，构建了基于改进生态足迹模型的低碳土地利用评价体系。该指标体系由自然生态、社会经济、环境质量三个支持层，20个与生态足迹和碳排放相关的指标层组成，采用加权求和法计算自然生态、社会经济、环境质量三个分指数和低碳土地利用指数。2010年，济南市低碳土地利用指数为35.55，分析各县市区土地利用低碳程度，天桥区、槐荫区、济阳县属于低碳型，商河县、章丘市属于中碳型，历下区、历城区属于较高碳型，平阴县、市中区、长清区属于高碳型。根据各县市区2000~2010年土地利用低碳发展路径，分为三大类七小类，结合当地实际情况，提出相应的低碳土地利用发展方向。

（4）完成碳排放及生态足迹的预测，基于预测结果，采用模糊线性规划和CLUE－S模型对济南市土地利用进行时空优化并验证。

碳排放的预测基于脱钩理论，采用情景分析法，按照一般情景、惯性情景、绝对脱钩情景三种情景，预测济南市2020年的碳排放量，将分别达到6 256万吨、4 740万吨、3 668.4万吨。基于回归分析、灰色模型等数理统计法，对济南市各生态足迹来源进行预测，预测三种情景下的人均生态足迹。然后，将生态压力增大和生态压力减少两种情景，分别与生态足迹三种发展情景组合，形成六种生态承载力预测方程，作为土地利用结构调整的约束条件。采用模糊线性规划模型，以碳蓄积最大和碳排放最小为目标函数分别进行结构优化，得到三种优化方案，将三种方案通过碳排放碳蓄积、低碳土地利用指数进行比对，确定碳排放最小目标下的生态压力增加趋势下的惯性情景作为最优方案。将最优方案作为土地需求输入CLUE－S模型进行空间格局优化，得到优化后的土地利用空间格局，经土地适宜性评价和景观格局分析，该空间布局符合适宜性评价的结果，林地、草地景观要素有集聚发展趋势，但破碎化程度加大，实施过程中应尽量避免占用分割耕地，以期充分发挥区域土地碳汇效应，降低碳排放。

（5）基于低碳土地利用时空预测优化结果，提出促进区域低碳土地利用的发展路径和低碳土地利用模式。

结合济南市的实际情况，根据生态环境功能区划特点提出集约节约型、生态保育型、特色生态农业型、高效固碳型、综合模式的低碳土地利用模式；并从调整土地利用结构、优化土地利用布局、探索低碳土地利用模式、降低生态足迹、研发低碳土地利用技术、完善低碳土地利用保障机制六个方面，提出增汇减源降排的促进区域土地低碳利用的发展路径。

8.2　创新点和研究不足

8.2.1　创新点

在国内外研究的基础上，尝试对土地利用系统开展低碳研究，包括低碳土地利用评价、预测、优化、验证，创新点主要体现在以下方面：

（1）提出时空生态足迹概念，改进传统生态足迹模型

提出时空生态足迹概念，对传统生态足迹模型从均衡因子和产量因子、土地多功能系数、时空二维表达、动态预测功能、碳足迹、与社会经济耦合综合评价可持续六个方面进行改进，将其应用到低碳土地利用评价。

（2）初步构建低碳土地利用评价模型

基于时空生态足迹模型，构建涵盖自然生态、社会经济、环境

质量三个方面的低碳土地利用评价模型，以期全面、合理地评价区域土地利用的低碳程度。

（3）集成低碳土地利用预测、优化、方案验证技术

依托回归分析、灰色预测等数理统计模型，模糊线性规划、CLUE－S模型，土地适宜性评价、景观格局分析法，提出一套适用于市域范围的低碳土地利用预测、优化、验证的方法、技术体系，支撑低碳土地利用预测、时空优化和方案验证。

8.2.2　研究不足

（1）碳排放测算。

因济南市各县市区能源消费数据统计口径与市级能源消费数据统计口径不完全一致，在计算碳排放时，缺失的部分数据采用市级人均消费量代替，结果或有出入，但不影响各县市区的横纵向对比分析。

（2）生态足迹预测。

本书生态足迹预测采用分别预测各类生态足迹来源的方式，尽管从来源预测更符合生态足迹原理，但因每种足迹来源较多，本书只预测主要来源，在一定程度上可能降低预测值的准确性。

（3）土地利用结构优化。

为与生态足迹中生态生产性土地衔接，将地类划分为六大类：耕地、林地、草地、水域、建设用地、碳吸收用地，未进行地类细分。如未将建设用地优化到城镇、农村居民点、交通水利及工矿，削弱了现实指导意义。

8.3　研究展望

（1）进一步完善土地利用碳排放核算体系

本书中碳排放核算体系主要借鉴IPCC温室气体清单和国内外

最新的研究成果制定，能源碳排放因子主要采用国际通用的因子及数值，不一定完全适合研究区实际情况，需要根据区域产业结构特征、经济发展水平、能源利用结构、技术发展水平等进行修正，建立符合区域特色的碳排放因子体系，从而更准确地核算区域碳排放水平及碳排放效应。

（2）修订低碳土地利用评价模型

低碳土地利用评价模型是基于时空生态足迹模型和土地利用碳排放相关指标构建的，采用加权求和法测算低碳土地利用指数。通过生态压力反映区域土地自然生态情况；通过生态足迹与社会经济耦合指标反映区域土地社会经济情况；通过碳足迹和碳排放与用地、人口、经济相关指标反映区域土地环境质量情况。虽然评价模型涵盖了自然生态、社会经济、环境质量三个方面，力图全面、科学地评价区域土地利用低碳程度，但随着土地学科以及相关学科交叉发展，或许会有更合适的衡量土地碳排放效应的指标出现，可以进一步完善修订该模型。而且，随着地学统计学、信息技术发展，评价模型可以尝试其他方法进行计算。

（3）将低碳土地利用指标纳入土地利用总体规划

土地利用规划在日常土地利用管理中处于"龙头"地位，通过将低碳土地利用指标纳入土地利用总体规划，可以从规划开始达到增汇减源的目的，从源头控制碳排放。如将单位建设用地碳排放强度作为建设用地的约束性指标，控制建设用地总规模，从而达到控制建设用地碳排放量的目的，促进减排目标的实现。此外，土地利用规划中应重视发挥碳汇效应的生态用地的约束，目前关于生态用地的约束，土地利用总体规划中只有森林覆盖率指导性指标，建议增加对生态用地（林地、草地、水域）的约束，强化对生态用地的保护，增加碳吸收用地规模，减小碳压力，切实起到改善区域生态环境质量，降低碳排放，促进区域生态文明的实现。

（4）开展促进区域低碳经济发展的低碳土地利用调控机制的研究

低碳土地利用对降低碳排放，缓解全球变暖，促进区域低碳经济发展、低碳城市建设都具有重要的意义。通过哪些调控机制，可以更充分的发挥土地对产业结构调整、城市功能分区、城市交通发展的调控作用，降低碳排放，这是中国当前出现的新的研究课题。因为土地具有明显的区域性，不同区域土地碳排放不同，调控机制也不同，建议除研究全国范围内的土地调控机制外，分类分区域，结合主体功能区，从宏观、中观、微观三个尺度研究符合区域特色的低碳土地利用调控机制，从而促进区域低碳经济的发展。

（5）开展低碳工业园、低碳住宅区、低碳农业示范区等试点示范区碳排放研究

通过试点示范区土地利用碳排放研究，深入了解土地利用碳排放机理，探讨城市不同用地方式碳排放强度，分析城市不同功能区碳排放，定量研究城市土地利用功能区及其空间布局对碳排放的影响，找出影响碳排放的具体因素，从而为同功能区用地提供参考，为节能减排做出一定贡献。

参 考 文 献

［1］陈成忠. 生态足迹模型的多尺度分析及其预测研究：南京师范大学博士学位论文，2008.

［2］陈成忠，林振山. 中国能源足迹增长波动的驱动因子分析. 生态学报，2009，29（2）：758－767.

［3］陈冬冬，高旺盛，陈源泉. 生态足迹分析方法研究进展. 应用生态学报，2006，（10）：1983－1988.

［4］陈丹杰，王智勇，曲晨晓. 生态足迹法在土地整理规划环境影响评价中的应用. 中国农学通报，2008，24（9）：445－447.

［5］陈飞，诸大建. 低碳城市研究的理论方法与上海实证分析. 城市发展研究，2009，16（10）：71－79.

［6］陈广生，田汉勤. 土地利用/覆盖变化对陆地生态系统碳循环的影响. 植物生态学报，2007，31（2）：189－204.

［7］陈佩琳，陈银蓉. 低碳经济导向下的柳州市土地利用变化情景模拟研究. 北京农业，2012（6）：302－304.

［8］陈擎，汪耀兵. 低碳化视角下的城市土地利用研究. 当代经济，2010（10）：88－89.

［9］陈秋红. 湖南省碳源与碳汇变化的时序分析. 长江流域资源与环境，2012，21（6）：765－772.

［10］陈士银，刘耀林，周飞. 湛江市土地利用结构及生态服务价值研究. 地理与地理信息科学，2007，23（3）：83－86.

［11］曹淑艳，谢高地. 基于投入产出分析的中国生态足迹模型. 生态学报，2007，27（4）：1499－1507.

[12] 曹顺爱,冯科,吴次芳等.基于能值的土地利用结构优化方案的评价.决策参考,2009,20:43-44.

[13] 蔡博峰.城市温室气体清单研究.气候变化研究进展,2011,7(1):23-28.

[14] 常斌,熊利亚,侯西勇等.基于空间的生态足迹与生态承载力预测模型——以甘肃省河西走廊地区为例.地理研究,2007,26(5):940-947.

[15] 仇保兴.我国城市发展模式转型趋势——低碳生态城市.城市发展研究,2009,16(8):1-5.

[16] 白钰,曾辉,李贵才等.基于宏观贸易调整方法的国家生态足迹模型.生态学报,2009,29(10):4827-4835.

[17] 杜官印.建设用地对碳排放的影响关系研究.中国土地科学,2010,24(10):32-36.

[18] 杜加强,王金生,滕彦国,张桐.生态足迹研究现状及基于净初级生产力的计算方法初探.中国人口·资源与环境,2008,18(4):178-182.

[19] 杜新波,秦静.基于生态足迹的区域生态环境承载力评价——以青海省海西州为例.资源与产业,2010,5(12):56-60.

[20] 邓聚龙.灰色预测与决策.华中理工大学出版社,1986.

[21] 邓文胜,刘海,王昌佐.基于RS、GIS与生态足迹法的孝感市生态规划.经济地理,2007,27(4):640,647.

[22] 但承龙,厉伟,王万茂.土地资源可持续利用规划耦合模型研究.农业系统科学与综合研究,2001,17(4):244-246.

[23] 段增强,Verburg P. H.,张凤荣等.土地利用动态模拟模型的构建及其应用——以北京市海淀区为例.地理学报,2004,59(6):1037-1047.

[24] 董柞继.低碳概念下的国土规划.城市发展研究,2010,17(7):1-5.

[25] 方精云,郭兆迪,朴世龙等.1981~2000年中国陆地植被

碳汇的估算. 中国科学 (D 辑): 地球科学, 2007, 37 (6): 804 - 812.

[26] 方精云, 朴世龙等. CO_2 失汇与北半球中高纬度陆地生态系统的碳汇. 植物生态学报, 2001, 25 (5): 594 - 602.

[27] 方精云, 刘国华, 徐嵩龄. 1996, 中国陆地生态系统的碳库. 载于王庚辰, 温玉璞. 温室气候浓度和排放监测及相关过程. 中国环境科学出版社, 1996.

[28] 付允, 刘怡君, 汪云林. 低碳城市的评价方法与支撑体系研究. 中国人口·资源与环境, 2010, 20 (8): 44 - 47.

[29] 郭秀锐, 杨居荣, 毛显强. 城市生态足迹计算与分析——以广州为例. 地理研究, 2003, 22 (s): 654 - 662.

[30] 郭运功. 特大城市温室气体排放量测算与排放特征分析——以上海为例. 华东师范大学博士学位论文, 2009.

[31] 高长波, 张世喜, 莫创荣等. 广东省生态可持续发展定量研究: 生态足迹时间维动态分析. 生态环境, 2005, 14 (1): 57 - 62.

[32] 高志强, 刘纪远, 曹明奎等. 土地利用和气候变化对农牧过渡区生态系统生产力和碳循环的影响. 中国科学 (D 辑), 2004, 34 (10): 946 - 957.

[33] 顾丽, 王新杰, 龚直文. 基于 RS 与 GIS 的北京近 30 年湿地景观格局变化分析. 北京林业大学学报, 2010, 32 (4): 65 - 71.

[34] 顾晓薇, 李广军, 王青等. 高等教育的生态效率——大学校园生态足迹. 冰川冻土, 2005, 27 (s): 418 - 425.

[35] 顾晓薇, 王青, 刘建兴等. 基于"国家公顷"计算城市生态足迹的新方法. 东北大学学报 (自然科学版), 2005, 26 (4): 295 - 298.

[36] 葛全胜, 戴君虎, 何凡能等. 过去 300 年中国土地利用、土地覆被变化与碳循环研究. 中国科学 (D 辑): 地球科学, 2008, 38 (2): 197 - 210.

[37] 管东升, 陈玉娟, 黄芬芳. 广州城市绿地系统碳的贮存、

分布及其在碳氧平衡中的作用. 中国环境科学, 1998, 18 (5): 437 - 441.

[38] 公华林. 基于生态足迹投入—产出模型的山东省可持续发展研究. 山东师范大学硕士学位论文, 2009.

[39] 何丹, 金凤君, 周璟. 基于 Logistic - CA - Markov 的土地利用景观格局变化——以京津冀都市圈为例. 地理科学, 2011, 31 (8): 902 - 910.

[40] 何国松, 贺琳. 低碳经济视角下武汉市土地利用结构优化. 湖北农业学, 2012, 51 (2): 262 - 264.

[41] 贺福利, 胡勇, 陈淳. 用灰色马尔柯夫链预测模型对我国粮食产量的预测. 数学的实践与认识, 2003, 33 (12): 45 - 47.

[42] 贺艳华, 周国华. 紧凑城市理论在土地利用总体规划中的作用. 国土资源科技管理, 2007 (3): 26, 29.

[43] 侯西勇, 常斌, 于信芳. 基于 CA - Markov 的河西走廊土地利用变化研究. 农业工程学报, 2004, 20 (5): 286 - 291.

[44] 胡玉福, 邓良基, 张世熔等. 基于 RS 和 GIS 的西昌市土地利用及景观格局变化. 农业工程学报, 2011, 27 (10): 322 - 327.

[45] 蒋莉, 陈治谏, 沈兴菊等. 生态足迹影响因子的定量分析——以中国各省 (区市) 1999 年生态足迹为例. 长江流域资源与环境, 2005, 14 (2): 238 - 242.

[46] 蒋小平. 可持续发展下的河南省生态承载力评价研究. 安徽农业科学, 2010, 38 (20): 10825 - 10831.

[47] 蒋依依, 王仰麟, 张源. 滇西北生态脆弱区生态足迹动态变化与预测研究——以云南省丽江纳西族自治县为例. 生态学杂志, 2005, 24 (12): 1418 - 1424.

[48] 蒋尊梅, 江晓波. 基于 GIS 的重庆生态安全时空动态分析. 人民长江, 2011, 42 (15): 81 - 85.

[49] 姜群鸥, 邓祥征, 战金艳等. 黄淮海平原耕地转移对植

被碳储量的影响. 地理研究, 2008, 27 (4): 839-846.

[50] 金石. 应对气候变化国际合作背景及趋势. 环境保护, 2008 (20): 77-79.

[51] 季奎. 基于生态足迹的大连市土地可持续利用评价研究. 辽宁师范大学博士学位论文, 2007.

[52] 江勇, 付梅臣. 土地利用变化对生态系统碳汇/碳源的影响研究——以河北省武安市为例. 安徽农业科学, 2010, 38 (24): 13067-13069.

[53] 赖力, 黄贤金, 刘伟良等. 基于投入产出技术的区域生态足迹调整分析——以2002年江苏省经济为例. 生态学报, 2006, 26 (4): 285-1292.

[54] 赖力, 黄贤金, 刘伟良. 区域人均生态足迹的社会经济驱动模型——以1995年~2003年江苏人均足迹为例. 资源科学, 2006, 25 (1): 15-18.

[55] 赖力, 黄贤金等. 中国土地利用的碳排放效应研究. 南京大学出版社, 2011.

[56] 赖力. 中国土地利用的碳排放效应研究. 南京大学博士学位论文, 2010.

[57] 李定邦, 金艳. 基于生态足迹模型的家庭资源消费可持续性研究. 华东理工大学学报 (社会科学版), 2005, (2): 39-443.

[58] 李国敏, 卢珂. 城市土地低碳利用模式的变革及路径. 中国人口·资源与环境, 2010, 20 (12): 62-65.

[59] 刘贵芬. 重庆市生态足迹模型的计算与评价探讨. 西南大学硕士学位论文, 2007.

[60] 李红, 李德志, 宋云. 快速城市化背景下上海崇明植被覆盖度景观格局分析. 华东师范大学学报 (自然科学版), 2009, 11 (6): 90-100.

[61] 刘海猛, 石培基, 王录仓等. 低碳目标导向的兰州市土

地利用结构优化研究. 中国土地科学, 2012, 26 (6): 58 - 61.

[62] 刘纪远, 王绍强, 陈镜明等. 1990～2000 年中国土壤碳氮蓄积量与土地利用变化. 地理学报, 2004 (4): 483 - 496.

[63] 刘建兴. 中国有色金属行业的生态化研究. 资源科学, 2007, 29 (1): 155 - 159.

[64] 刘金花. 基于"生态足迹"的山东省土地可持续利用研究. 山东师范大学硕士学位论文, 2005.

[65] 刘军会, 高吉喜. 北方农牧交错带界线变迁区的土地利用与景观格局变化. 农业工程学报, 2008, 24 (11): 76 - 82.

[66] 刘建兴, 顾晓薇, 李广军等. 中国经济发展与生态足迹的关系研究. 资源科学, 2005, 27 (5): 33 - 39.

[67] 刘某承, 李文华. 基于净初级生产力的中国各地生态足迹均衡因子测算. 生态与农村环境学报, 2010, 26 (5): 401 - 406.

[68] 李怒云, 陈叙图, 章升东. 林业在发展低碳经济中的地位与作用. 林业经济, 2010 (2): 73 - 75.

[69] 刘淑燕, 余新晓, 李庆云等. 基于 CA - Markov 模型的黄土丘陵区土地利用变化. 农业工程学报, 2010, 26 (11): 297 - 301.

[70] 刘森, 胡远满, 常禹等. 基于能值理论的生态足迹方法改进. 自然资源学报, 2008, 23 (3): 447 - 457.

[71] 刘颂, 郭菲菲, 李倩. 我国景观格局研究进展及发展趋势. 东北农业大学学报, 2010, 41 (6): 144 - 151.

[72] 刘贤赵, 王巍. 烟台沿海地区土地利用景观格局演变研究. 农业工程学报, 2007, 23 (10): 79 - 85.

[73] 李颖, 黄贤金, 甄峰. 江苏省区域不同土地利用方式的碳排放效应分析. 农业工程学报, 2008, 24 (增刊2): 102 - 107.

[74] 李永乐, 吴群, 何守春. 土地利用变化与低碳经济实现: 一个分析框架. 国土资源科技管理, 2010, 27 (5): 1 - 5.

[75] 刘艳中, 李江风, 张祚. 生态足迹模型在我国土地可持

续利用评价中的应用及启示. 地理与地理信息科学, 2008, 24 (1): 80 – 84.

[76] 刘英, 赵荣钦. 河南省土地利用碳源/碳汇及其变化分析. 水土保持研究, 2010, 17 (5): 154 – 162.

[77] 刘英, 赵荣钦, 熊亚兰等. 河南省能源消费碳排放的时空变化分析. 资源开发与市场, 2012, 2 (4): 349 – 372.

[78] 刘彦随. 土地类型的结构分析与优化利用——以陕西秦岭山地为例. 地理学报, 2001, 56 (4): 426 – 436.

[79] 刘竹, 耿涌, 薛冰. 基于"脱钩"式的低碳城市评价. 中国人口·资源与环境, 2011, 21 (4): 21 – 23.

[80] 李金平, 王志石. 澳门 2001 年生态足迹分析. 自然资源学报, 2003, 18 (2): 197 – 203.

[81] 李克让, 绍强, 曹明奎等. 中国植被和土壤碳储量. 中国科学 (D 辑), 2003, 33 (1): 72 – 80.

[82] 李坤刚, 鞠美庭, 李智等. 生态足迹模型的修改及在天津地区的应用探讨. 环境科学与技术, 2008, 31 (10): 137 – 141.

[83] 李志, 刘文兆, 郑粉莉. 基于 CA – Markov 模型的黄土塬区黑河流域土地利用变化. 农业工程学报, 2010, 26 (1): 346 – 351.

[84] 鲁凤. 生态足迹变化的动力机制及生态足迹模型改进研究. 华东师范大学博士学位论文, 2011.

[85] 梁勇, 成升魁, 阎庆文. 城市交通生态占用研究——以北京市为例. 东南大学学报 (自然科学版), 2005, 35 (3): 454 – 455.

[86] 陆汝成, 黄贤金, 左天惠等. 基于 CLUE – S 和 Markov 复合模型的土地利用情景模拟研究——以江苏省环太湖地区为例. 地理科学, 2009, 29 (4): 577 – 581.

[87] 马妍, 朱晓东, 李杨帆. Rees-wackemagel 生态足迹模型的改进及其应用. 环境保护科学, 2007, 33 (5): 36 – 39.

[88] 马艳，严金强，李真. 产业结构与低碳经济的理论与实证分析. 华南师范大学学报（社会科学版），2010，5：119 – 123.

[89] 梅建屏，徐健，金晓斌等. 基于不同出行方式的城市微观主体碳排放研究. 资源开发与市场，2009，25（1）：49 – 52.

[90] 梅艳，何蓓蓓，刘友兆等. 江苏省动态生态足迹的测度和分析. 贵州农业科学，2008，36（5）：47 – 50.

[91] 潘海啸. 面向低碳的城市空间结构：城市交通与土地使用的新模式. 城市发展研究，2010，17（1）：40 – 45.

[92] 潘影，刘云慧，王静等. 基于 CLUE – S 模型的密云县面源污染控制景观安全格局分析. 生态学报，2011，31（2）：529 – 537.

[93] 蒲春玲，余慧容. 新疆低碳与环境友好型土地利用模式探讨. 干旱区资源与环境，2011，25（6）：36 – 42.

[94] 彭欢. 低碳经济视角下我国城市土地利用研究. 湖南大学硕士学位论文，2012.

[95] 瞿理铜. 低碳经济视角下土地利用调控的思路探讨. 中国国土资源经济，2012（11）：29 – 31.

[96] 瞿理铜. 低碳经济视角下土地利用调控的思路探讨. 中国国土资源经济，2012，25（11）：45 – 47.

[97] 齐晔，蔡琴. 可持续发展理论三项进展. 中国人口·资源与环境，2010，20（4）：110 – 116.

[98] 齐中英. 描述 CO_2 排放量的数学模型与影响因素的分解分析. 技术经济，1998，（3）：4245.

[99] 曲福田，卢娜，冯淑怡. 土地利用变化对碳排放的影响. 中国人口·资源与环境，2011，21（10）：76 – 83.

[100] 任力. 低碳经济与中国经济可持续发展. 社会科学家，2009（2）：47 – 50.

[101] 任燕. 基于生态足迹的山东省不同区域可持续发展能力评价. 山东师范大学硕士学位论文，2008.

［102］邵超峰，鞠美庭．基于DPSIR模型的低碳城市指标体系研究．生态经济，2010，10：95 – 99.

［103］邵景安．大都市郊区山地景观规划的案例研究．农业工程学报，2009，25（2）：228 – 234.

［104］史欣欣，朱灵益．灰色模型与多元非线性回归模型在榆林地区粮食产量预测上的比较．陕西林业科技，1998，3：55 – 58.

［105］史永纯，施丽娜．基于生态足迹理论的哈尔滨市土地资源可持续利用研究．国土与自然资源研究，2010，2：26 – 27.

［106］舒娱琴．中国能源消费碳排放的时空特征．2012，32（16）：4950 – 4960.

［107］孙宇杰，张宇辰，李鹏．低碳背景下区域土地合理利用评价研究．地域研究与开发，2011，30（5）：93 – 117.

［108］谭永忠，次芳，牟永铭等．经济快速发展地区县级尺度土地利用空间格局变化模拟．农业工程学报，2006，22（12）：7 – 77.

［109］唐红侠，韩丹，赵由才．农林业温室气体减排与控制技术．化学工业出版社，2009.

［110］汤才玲．低碳经济型土地利用模式选择．合作经济与科技，2012，435（2）：4 – 5.

［111］汤洁，毛子龙，韩维峥等．土地利用/覆被变化对土地生态系统有机碳库的影响——以吉林省通榆县为例．生态环境，2008，17（5）：2008 – 2013.

［112］王成己，潘根兴，田有国．保护性耕作下农田表土有机碳含量变化特征分析：基于中国农业生态系统长期试验资料．农业环境科学学报，2009，28（12）：2464 – 2475.

［113］王发明．循环经济系统的结构和风险研究：以贵港生态工业园为例．财贸研究，2007（5）：14 – 18.

［114］王汉卫，成杰民，孙天然．应用生态足迹模型对鲁西南可持续发展能力定量测度．水土保持研究，2008，3（15）：125 – 129.

［115］王汉花，刘艳芳．基于MOP – CA整合模型的土地利用

优化研究．武汉大学学报．信息科学版，2009，34（2）：74－77.

[116] 王微，林剑艺，崔胜辉等．碳足迹分析方法研究综述．环境科学与技术，2010，33（7）：71－74.

[117] 王效科，冯宗炜，欧阳志云．中国森林生态系统的植物碳储量和碳密度研究．应用生态学报，2001，12（1）：13－16.

[118] 王友生，余新晓，贺康宁等．基于 CA－Markov 模型的藉河流域土地利用变化动态模拟．农业工程学报，2011，27（12）：330－336.

[119] 王义祥，翁伯琦，黄毅斌．土地利用和覆被变化对土壤碳库和碳循环的影响．亚热带农业研究，2005，1（3）：44－51.

[120] 吴家兵，张玉书，关德新．森林生态系统 CO_2 通量研究方法与进展．北京林业大学学报，2003，31（6）：4951.

[121] 吴开亚，王玲杰．基于全球公顷和国家公顷的生态足迹核算差异分析．中国人口·资源与环境，2007，17（5）：80－83.

[122] 吴开亚，王玲杰．生态足迹及其影响因子的偏最小二乘回归模型与应用．资源科学，2006，28（6）：182－188.

[123] 吴开亚，王玲杰．生态足迹及其影响因子的偏最小二乘回归模型与应用．资源科学，2006，28（6）：182－188.

[124] 吴文斌，杨鹏，唐华俊等．土地利用对土壤性质影响的区域差异研究．中国农业科学，2007，40（8）：1697－1702.

[125] 魏楚，沈满洪．结构调整能否改善能源效率：基于中国省级数据的研究．世界经济，2008，11：77－85.

[126] 魏伟婕，许峰．大城市边缘区土地利用时空格局模拟——以武汉市洪山区为例．长江流域资源与环境，2006，15（2）：174－179.

[127] 伍星，沈珍瑶．长江上游地区土地利用/覆被和景观格局变化分析．农业工程学报，2007，23（10）：86－92.

[128] 汪友结．城市土地低碳利用的外部现状描述．内部静态测度及动态协调控制．浙江大学博士学位论文，2011.

[129] 温家石, 葛滢, 焦荔等. 城市土地利用是否降低区域碳吸收能力? ——台州市案例研究. 植物生态学报, 2010, 34 (6): 651-660.

[130] 席建超, 葛全胜, 成升魁等. 旅游消费生态占用初探——以北京市海外入境旅游者为例. 自然资源学报, 2004, 19 (2): 224-229.

[131] 徐进, 李玉民. 基于遗传神经网络的粮食产量系统预测方法研究. 现代化农业, 2001, 266 (9): 26-30.

[132] 徐晓锋, 岳东霞, 汤红官. 基于 GIS 的甘肃省生态承载力时空动态分析. 兰州大学学报 (自然科学版), 2006, 42 (5): 62-67.

[133] 徐新良, 曹明奎, 李克让. 中国森林生态系统植被碳储量时空动态变化研究. 地理科学进展, 2008, 26 (6): 1-10.

[134] 徐玉霞. 基于生态足迹的宝鸡市土地生态承载力评价. 江西农业学报, 2010, 22 (4): 102-106.

[135] 徐中民, 张志强, 程国栋等. 中国 1999 年生态足迹计算与发展能力分析. 应用生态学报, 2003, 14 (2): 280-285.

[136] 徐中民, 程国栋, 邱国玉. 可持续性评价的 IMPACTS 等式. 地理学报, 2005, 60 (2): 198-208.

[137] 徐中民, 张志强, 程国栋. 甘肃省 1998 年生态足迹计算与分析. 地理学, 2000, 55 (5): 607-616.

[138] 徐中民, 程国栋. 生态足迹方法: 可持续性定量研究的新方法——以张掖地区 1995 年的生态足迹计算为例. 生态学报, 2001, 21 (9): 148-149.

[139] 谢高地, 甄霖, 鲁春霞等. 一个基于专家知识的生态系统服务价值化方法. 自然资源学报, 2008, 23 (5): 911-919.

[140] 谢高地, 鲁春霞, 冷允法等. 青藏高原生态资产的价值评估. 自然资源学报, 2003, 18 (2): 189-196.

[141] 谢高地, 甄霖, 鲁春霞等. 一个基于专家知识的生态系

统服务价值化方法．自然资源学报，2008，23（5）：911 –918.

[142] 谢鸿宇，陈贤生，杨木壮等．中国单位畜牧产品生态足迹分析．生态学报，2009，29（6）：3264 –3270.

[143] 谢鸿宇，林媚珍，陈妃端等．基于生态足迹的大学食堂餐具生态影响分析．生态学报，2009，29（5）：2669 –2674.

[144] 谢鸿宇，陈贤生，林凯荣等．基于碳循环的化石能源及电力生态足迹．生态学报，2008，28（4）：1729 –1735.

[145] 夏堃堡．发展低碳经济，实现城市可持续发展．环境保护，2008（20）：33 –35.

[146] 肖主安，彭欢．我国低碳经济型土地利用模式的路径选择．求索，2010（4）：8 –82.

[147] 岳书平，张树文，闫业超．东北样带土地利用变化对生态服务价值的影响．地理学报，2007，62（8）：879 –886.

[148] 岳友熙．生态环境美学的价值论基础．西北师大学报（社会科学版），2010，47（6）：15 –19.

[149] 杨景成，韩兴国，黄建辉等．土地利用变化对陆地生态系统碳贮量的影响．应用生态学报，2003，14（8）：1385 –1390.

[150] 杨开忠，杨咏．生态足迹分析理论与方法．地球科学进展，2000，15（6）：631 –634.

[151] 于书媛，奚砚涛，牛坤等．徐州市土地利用 CLUE – S 模型变化模拟．地理空间信息，2010，08（6）：103 –106.

[152] 于苏俊，张继．遗传算法在多目标土地利用规划中的应用．中国人口·资源与环境，2006，16（5）：62 –66.

[153] 于兴修，杨桂山，王瑶．土地利用覆被变化的环境效应研究进展与动向．地理科学，2004，24（5）：627 –633.

[154] 俞龙生，符以福，喻怀义等．快速城市化地区景观格局梯度动态及其城乡融合区特征——以广州市番禺区为例．应用生态学报，2011，22（1）：171 –180.

[155] 晏路明．区域粮食总产量预测的灰色动态模型群．热带

地理，2000，20（1）：54－57.

[156] 叶浩，濮励杰. 苏州市土地利用变化对生态系统固碳能力影响研究. 中国土地科学，2010，24（3）：60－64.

[157] 尤飞，钟有丽，王传胜. 生态经济持续性的度量和趋势预测——以甘肃武威市为例. 自然资源学报，2002，17（6）：743－749.

[158] 曾忠禄，张冬梅. 不确定环境下解读未来的方法：情景分析法. 情报杂志，2005，24（5）：14－15.

[159] 郑聚锋. 长期不同施肥条件下南方典型水稻土有机碳矿化与 CO_2、CH_4 产生研究. 南京农业大学博士学位论文，2007.

[160] 郑江坤，余新晓，贾国栋等. 密云水库集水区基于 LUCC 的生态服务价值动态演变. 农业工程学报，2010，26（9）：315－320.

[161] 郑新奇. 城市土地优化配置与集约利用评价. 科学出版社，2004.

[162] 郑新奇. 基于 GIS 的城镇土地优化配置与集约利用评价研究. 中国人民解放军信息工程大学博士学位论文，2004.

[163] 郑新奇，付梅臣等. 景观格局空间分析技术及应用. 科学出版社，2010.

[164] 赵冠伟，杨木桩，陈健飞. 1990～2007 年中国能源足迹时空差异分析. 地理与地理信息科学，2007（2）：65－69.

[165] 赵华甫，张凤荣. 北京市农业景观格局变化及功能区划. 农业工程学报，2008，24（Supp. 1）：78－84.

[166] 赵璐. 土地可持续利用时空优化方法与应用——以济南市为例. 中国地质大学（北京）博士学位论文，2012.

[167] 赵敏，周广胜. 中国森林生态系统的植物碳贮量及其影响因子分析. 地理科学，2004，24（1）：50－54.

[168] 赵荣钦. 城市系统碳循环及土地调控研究. 南京大学出版社，2012.

[169] 赵荣钦，刘英，郝仕龙等. 低碳土地利用模式研究. 水土保持研究，2010，17 (5)：1190–194.

[170] 赵涛，郑新奇，邓祥征. 城市土地利用优化配置分析应用. 地球信息科学，2004，6 (2)：53–57.

[171] 赵小敏，沈兵明，吴次芳等. 系统动力学仿真模型在土地利用总体规划中的应用. 江西农业大学学报，1996，18 (1)：67–72.

[172] 赵玉霞. 低碳经济视角下我国城市土地资源利用研究. 中州学刊，2011，183 (3)：52–54.

[173] 赵志强，李双成，高阳. 基于能值改进的开放系统生态足迹模型及其应用——以深圳市为例. 生态学报，2008，28 (5)：2220–2231.

[174] 张波，王青. 中国生态足迹的趋势预测及情景模拟分析. 东北大学学报 (自然科学版)，2010，31 (4)：576–579.

[175] 张常新，罗雅丽. 基于低碳生态理念的城市土地利用模式优化途径. 生产力研究，2012 (7)：135–137.

[176] 张德英，张丽霞. 碳源排碳量估算办法研究进展. 内蒙古林业科技，2005 (1)：20–23.

[177] 张芳怡，淮励杰，张馔. 基于能值分析理论的生态足迹模型及应用——以江苏省为例. 自然资源学报，2006 (4)：653–660.

[178] 张恒义，刘卫东，王世忠等. "省公顷"生态足迹模型中均衡因子及产量因子的计算——以浙江省为例. 自然资源学报，2009，24 (1)：82–92.

[179] 张旺锋，苏珍贞，解雯娟. 基于生态足迹的资源型城市土地利用低碳模式的探求. 生态经济，2010 (11)：73–75.

[180] 张秀梅，李升峰，黄贤金等. 江苏省1996年至2007年碳排放效应及时空格局分析. 资源科学，2010，32 (4)：768–775.

[181] 张永民，赵士洞. VERBURG PH. CLUE–S 模型及其在奈曼旗土地利用时空动态变化模拟中的应用. 自然资源学报，

2003，18（3）：310－318.

［182］张永民，赵士洞，张克斌. 科尔沁沙地及其周围地区土地利用变化的时空动态模拟. 北京林业大学学报，2003，25（3）：68－73.

［183］张延安，郑昭佩，张文岚. 基于能值改进的生态足迹模型在济南市的应用分析. 环境科学与管理，2010，2（35）：134－157.

［184］张俊，孙玉军. 森林生态系统碳循环研究方法概述. 林业资源管理，2007，2（1）：102－104.

［185］张志强，徐中民，陈国栋. 生态足迹的概念及计算模型. 生态经济，2000（10）：8－10.

［186］周嘉，尚金城. 绥化市可持续发展状况的生态足迹分析. 地理科学，2004，24（5）：333－338.

［187］周洁，卢青，田晓玉. 基于 GIS 的巩义市农村居民点景观格局时空演变研究. 河南农业大学学报，2011，45（4）：472－476.

［188］周涛，史培军，王绍强. 气候变化及人类活动对中国土壤有机碳储量的影响. 地理学报，2003，58（5）：727－734.

［189］章锦河，张捷，梁明琳等. 九寨沟旅游生态足迹与生态补偿分析. 自然资源学报，2005（5）：735－744.

［190］庄贵阳. 低碳经济：气候变化背景下中国的发展之路. 气象出版社，2007.

［191］中国城市科学研究会. 中国低碳生态城市发展战略. 中国城市出版社，2009.

［192］中国科学院可持续发展战略研究组. 中国可持续发展战略研究报告：探索中国特色的低碳道路. 科学出版社，2009.

［193］Agarwal D.，Silander J. J. and Gelfand A. and et al. Tropical deforestation in Madagascar：analysis using hierarchical，spatially explicit，Bayesian regression models. Ecol Model，2005，185（1）：105－131.

[194] Balzter H. , Braun P. W. , Kohler W. Cellular automata models for vegetation dynamics. Ecol Model, 1998, 107 (2/3): 113 – 125.

[195] Bruyn S. M. , Opsehoor J. B. Developments in the Throughout: Income Relationship: Theoretical and Empirical Observations. Ecological Economies, 1997, 20 (3): 255 – 268.

[196] Charnes A. , Hazelton J. E. and M. J. Ryan. Linear programming for urban development plan. evaluation. Praeger, New York, 1975.

[197] Campbell C. A. , Zentner R. P. and Liang B. C. et al. Organic Accumulation in Soil Over 30 Years in Semiarid Southwestern Saskatchewan – Effect of Crop Rotations and Fertilizers. Canadian Journal of Soil Science, 2000, 80: 179 – 192.

[198] Costanza R. , Arge R. and De Groot R. et al. The value of the world's ecosystem services and natural capital. Nature, 1997, 387: 253 – 260.

[199] Department of Trade and Industry. UK Energy White Paper: Our energy future-creating a low carbon economy. London: TSO, 2003.

[200] Duan Z. Q. , Verburg P. H. and Zhang F. R. et al. Construction of a land-use change simulation model and its application in Haidian District, Beijing. Acta Geographica Sinica, 2004, 59: 1037 – 1047.

[201] Ehrlich P. R. , Holdren J. P. ImPact of Population growth. Science, 1971, 171: 1212 – 1217.

[202] Evans T. P. , Kelley H. Multi-scale analysis of a household level agent-based model of landcover change. J Environ Manage, 2004, 72 (1/2): 57 – 72.

[203] FAO. A Framework for Land Evaluation. Soils Bulletin 32. Rome, 1976.

[204] FAO. Guideline for Land Use Planning. 1989.

[205] Foley J. A. , DeFries R. Asner G. P. and et al. Global con-

sequences of land use. Science, 2005, 2005, 309: 570 – 574.

[206] Ferng J. J. Local sustainable yield and embodied resources in ecological footprint analysis. Ecological Economics, 2005, 53 (3): 415 – 430.

[207] Ferng J. J. Using composition of land multiplier to estimate ecological footprints associated with Production activity. Ecological Economics, 2001, 37 (2): 159 – 172.

[208] Ferng J. J. Toward a scenario analysis framework for energy footprints. Ecological. Economics, 2002, 40 (1): 53 – 69.

[209] Giurcoa D. , Petrie J. G. Strategies for reducing the carbon footprint of copper: new technologies, more recycling or demand management. Minerals Engineering, 2007, 20: 842 – 853.

[210] Gössling, Hansson and Hörstmeier et al. Ecological footprint analysis as a tool to assess tourism sustainability. Ecological Economics, 2002, 43: 199 – 206.

[211] Houghton R. A. Magnitude, Distribution and Causes of Terrestrial Carbon Sinks and Some Implications for Policy. Climate Policy, 2002, 2 (1): 71 – 88.

[212] Houghton R. A. Releases of Carbon to the Atmosphere from Degradation of Forests in Tropical Asia. Canadian Journal of Forest Research, 1991, 21: 132 – 142.

[213] Haberl H. , Waekernagel M. and Krausmann F. et al. Ecological footprints and human appropriation of net Primary Production: a comparison. Land Use Policy, 2004, 21: 279 – 288.

[214] IPCC. 2006 IPCC Guideelines for National Greenhouse Gas Inventiories. 2006.

[215] IPCC. Climate change 1994. Cambridge University press, 1994.

[216] IPCC. Climate change 2000, land use, land use change, and forestry, a special report of the IPCC. Cambridge University

press, 2000.

[217] Janicke M. , Binder M. and Monch H. Industries: Patterns of Changes in Industrial Countries. Environmental and Resource Economies, 1997, (9): 467 – 491.

[218] Jener L. M. , Carlos C. C. and Jerry M. M. et al. Soil Carbon Stocks of the Brazilian Amazon Basin. Soil Science Society of America Journal, 1995, 59: 244 – 247.

[219] Jess A. What might be the energy demand and energy mix to reconcile the world's pursuit of welfare and happiness with the necessity to preserve the integrity of the biosphere?。 Energy Policy, 2010, 38 (8): 4663 – 4678.

[220] King A. W. , Post W. M. and Wullschleger S. D. The Potential response of terrestrial carbon storage to Changes in climate and atmospheric CO_2. Climatic change, 1997, 35: 199 – 227.

[221] Kratena K. 'Eeological value added' in an integrated ecosystem economy model-an indicator for sustainability. Eeological Economics, 2004, 48 (2): 189 – 200.

[222] Killen J. E. Mathematical programming methods for geographers and planners. Croom Helm, London, 1983.

[223] Li H, Zhang P. D. and He C. Y. et al. Evaluating the effects of embodied energy in international trade on ecological footprint in China. Ecologieal Eeonomics, 2007, 62 (1): 136 – 148.

[224] Lenzen M. , Murray S. A. A modified ecological footprint method and its application to Australia. Ecological Economics, 2001, 37 (2): 229 – 255.

[225] Liu Xiaohang, Andersson C. Assessing the impact of temporal dynamics on land-use change modeling. Computers, Environment and Urban Systems, 2004, 28 (1/2): 107 – 124.

[226] Marilyn A. , Brown F. S. and Sarzynski A. The geography of

metropolitan carbon footptints. Policy and Society, 2009, 27: 285 - 304.

［227］ Mathis Wackernagel, Lillemor Lewan and Carina Borgstrom Honsson. Evaluating the Use of National Capital With The Ecological Footprint - Applications in Sweden and Subregions. MBIO. 1999, 28 (7): 604 - 612.

［228］ Manfred Lenzen, Shauna A Murray. A Modified Ecological Footprint Method and Its Application to Australia. Ecological Economics, 2001, 37: 36 - 42.

［229］ Manson S. Agent-based modeling and genetic programming for modeling land change in the Southern Yucatan peninsular region of Mexico. Agric Ecosyst Environ, 2005, 111 (1/2/3/4): 47 - 62.

［230］ Monfreda C. , Wackernagel M. Deumling D. Establishing national natural capital accounts based on detailed ecological footprint and biological capacity assessments. Land Use policy, 2004, 21 (3): 231 - 246.

［231］ Macmillan N. A. , Creelman C. D. Detection theory: a user's guide. New Jersey: Lawrence Erlbaum Associates, 2005.

［232］ Nepstad D. C. , Uhl C. and Serrao E. A. S. Recuperation of a Degraded Amazonian Landscape: Forest Recovery and Agricultural Restoration. Ambio, 1991, 20 (6): 248 - 255.

［233］ Pielke Sr R. A. Land use and climate change. Science, 2005, 310 : 1625 - 1626.

［234］ Polglase, Philip J. Australian Greenhouse Office. Change in Soil Carbon Following Afforestation or Reforestation: Review of Experimental Evidence and Development of A Conceptual Framework. National Carbon Accounting System Technical Report, NO. 20. Canberra, 2000 .

［235］ Pontius R. G. , Schneider L. G. Land-cover change model validation by an ROC method for the Ipswich watershed, Massachusetts, USA. Agriculture, Ecosystems and Environment, 2001, 85: 239 - 248.

[236] Quay P. D. , Tilbrook B and Wong C. S. Oceanic uptake of fossil fuel CO_2: carbon – 13 evidence. Science, 1992, 256: 74 – 79.

[237] Rattan L. , Griffin M. and Apt J. et al. Managing Soil Carbon. Science, 2004, 304 (5669): 393.

[238] Stern N. T he Economics of Climate Change: The Stern Review. Cambridge: Cambridge University Press, 2007.

[239] Tapio P. Towards a Theory of Decoupling: Degrees of Decoupling in the EU and the Case of Road traffic in Finland Between 1970 and 2001. Transport Policy, 2005, 12: 137 – 151.

[240] Van Vuuren D. P. , Sm Eets E. M. W. Ecological Footprints of Benin, Bhutan. Costa Rica and the Netherlands. Ecological Economics, 2000, 34: 54.

[241] Vehmas J. , et al. Linking Analyses and Environmental Kuznets Curves for Aggregated Mmefial Flows in the EU. Journal of Cleaner Production, 2007, 15: 1662 – 173.

[242] Watson R. T. , Verardo D. J. Land-use change and forestry. London: Cambridge university Press, 2000.

[243] Wang Y. , Amundson R. , Trumbore S. . The Impact of Land Use Change on C Turnover in Soils. Global Biogeochemical Cycles, 1999, 13 (1): 47 – 57.

[244] WBGU. The Accounting of Biological Sinks and Sources Under the Kyoto Protocol: A Step Forwards or Backwards for Global Environmental Protection? German Advisory Council on Global Change, Bremerhaven, 1998.

[245] Wackernagel M. , Rees W. E. Our Ecological Footprint – Reducing Human Impact on the Earth. New Society Publishers, 1996.

[246] Wackernagel M. , Onisto L. and Bello P. et al. Ecological Footprint of Nations. Commisioned by the Earth Council for the Rio + 5 Forum. International Council for Local Environmental Initiatives, Toron-

to, 1997, 12 – 25.

[247] Wackernagel M. , Onisto L. and Bello P et al. Natural Capital Accounting with the Ecological Footprint Concept. Ecological Economics, 1999, 29: 375 – 390.

[248] Waekernagel M. , Monfteda C. and Erb K H. et al. Ecological footprint time series of Austria, the Philippines, and South Koreaf or1961 – 1999: comparing the conventional approach to an actual land-area, approach. Land Use Policy, 2004, 21: 261 – 269.

[249] Wiedmann T. , Manfred L. On the conversion between local and global hectares in ecological footprint analysis. Ecological Economics, 2007, 60 (4): 673 – 677.

[250] Wilson J. , Tyedmers P. , Pelo R. Contrasting and comparing sustainable development indicator metrics. Ecological Indicators, 2007, 7 (2): 299 – 314.

[251] Wackernagel M. , Monfreda C. and Schulz N. B. et al. Calculating national and global ecological footprint time series: Resolving conceptual challenges. Land Use Policy, 2004, 21 (3): 271 – 278.

[252] Wiedmann T. , Minx J. A definition of carbon footprint. SA Research & Consulting, 2007, 9. Giurcoa D. , Petrie J. G. Strategies for reducing the carbon footprint of copper: new technologies, more recycling or demand management. Minerals Engineering, 2007, 20: 842 – 853.

[253] Weaver K. , Perera A. H. Modelling land cover transitions: a solution to the problem of spatial dependence in data. Landsc Ecol, 2004, 19 (3): 273 – 289.

[254] WCED. Our Common Future. Oxford: Oxford University Press, 1987.

[255] York R. , Rosa E. A and Dietz T. Stirpat, Ipat and Impact: analytic tools for unPacking the driving forces of environment impacts. Ecological Eeonomic, 2003, 46: 351 – 365.